잔혹성 연대기

큰 글씨 책

010

잔혹성 연대기

초판 1쇄 인쇄 2019년 11월 4일
초판 1쇄 발행 2019년 11월 11일

—

지은이 권영법
펴낸이 이방원
편 집 정조연 · 김명희 · 안효희 · 윤원진 · 정우경 · 송원빈
디자인 박혜옥 · 손경화
영 업 최성수
마케팅 이미선

—

펴낸곳 세창미디어

　　　　출판신고 2013년 1월 4일 제312-2013-000002호

　　　　주소 03735 서울특별시 서대문구 경기대로 88 냉천빌딩 4층

　　　　전화 02-723-8660 | 팩스 02-720-4579

　　　　이메일 edit@sechangpub.co.kr | 홈페이지 http://www.sechangpub.co.kr

—

ISBN 978-89-5586-576-9 03910

이 도서의 국립중앙도서관 출판시도서목록(CIP)은 서지정보유통지원시스템 홈페이지(http://seoji.nl.go.kr)와
국가자료공동목록시스템(http://www.nl.go.kr/kolisnet)에서 이용하실 수 있습니다. (CIP제어번호: CIP2019042698)

세창 책사
010

잔혹성 연대기

권영법 지음

세창미디어
MEDIA

머리말

연대기로 본 살인 사건

     인간은 존엄과 가치를 지닌 존재다. 그렇기 때문에 자유와 권리를 훼손당하지 않을 권리가 있다. 이와 동시에 다른 사람에 대해서도 책임을 진다. 그러므로 타인에게 폭력을 행사해서도 안 되고, 그럴 경우에는 책임을 져야 한다. 그러나 제1차 세계대전 후에 등장한 전체주의는 인간의 존엄과 가치를 무시했고 대량학살을 서슴지 않았다.

     이러한 비인도적 행위에 대한 반성으로 국제연합헌장과 세계인권선언, 그리고 각국의 헌법에서는 '인간의 존엄과 가치를 존중해야 한다'고 천명하고 있다. 우리 헌법에서도 "모든 국민은 인간으로서의 존엄과 가치를 가지며 행복을 추구할 권리를 가진다"고 밝히고 있다. 하지만 잔혹하게 사람을 살해하거나, 심지어 가족을 살해했다는 보도는 끊이지 않는다. 그 이유는 무엇일까? 이런 질문을 접할 때마다 우리는 당혹스러워한다. 도대체 인간은 어떤 존재이기에 이런 짓을 저지르는 것일까? 그리고 왜 이런 일이 벌어지는 걸까?

나는 이런 의문을 갖고 1950년대 이후 최근까지 우리 사회에서 발생한 살인 사건을 살펴보았다. 검토를 시작하고 가장 먼저 눈에 띈 것은 우리 사회의 치안 수준이 점차 높아지면서 강력범죄의 수는 줄어들고 있지만, 연쇄살인 등의 잔혹범죄는 줄지 않고 있다는 사실이다.

여기에 대해 전문가의 진단은 나뉜다. 상당수의 전문가는 개인주의가 팽배한 사회 속에서 개인은 심적으로 불안과 불만, 그리고 분노를 겪게 되고, 그것이 범죄의 잔혹성을 높이는 계기가 된다고 이해한다. 혹자는 경제적인 이해관계를 들기도 한다. 또 다른 이들은 사회환경이 변화하였음에도 경제적인 이유로 독립하지 못한 가족 사이의 갈등이 범죄로 이어지는 경우가 있다고 분석한다.

잔혹한 행동에 대해 우리는 분노나 공포, 절망 등의 감정을 표현한다. 그리고 그러한 끔찍한 행동은 끔찍한 동기에서 나온다고 이해하기 쉽다. 더 나아가 이러한 행동이 사악함이나 악당의 기질, 공포스러운 자질로 인한 것이라고 이해하는 경우가 많다. 이와 관련하여 계속되는 논쟁 중 하나가 '이런 범죄를 저지르는 것이 타고난 소질 때문인가? 아니면 환경의 소산인가?' 하는 것이다. 살인범의 면면을 살펴보면, 많은 이들이 평범한 생활을 이어 왔으며, 매일 인사를 나누는 이웃사촌 같은 인상을 풍긴다는 사실에 놀란다. 그래서 이같이 평범한 환경 속에서 어떻게 잔혹한 살인을 저지를 수 있을까 하는 질문도 생긴다.

여기에 대해 환경이 사람을 만든다는 설명이 있다. 반면 이런 범죄인 상당수가 이미 생물학적으로 범죄인의 특성을 갖고 태어났다고 보는 시각도 있다. 그러나 인간은 유전이라는 토양에서 태어나서 환경이라는 공기를 만나 둘의 상호작용으로 자라나는 존재라고 보는 것이 옳을 것이다. 그러므로 지금의 상황이나 처지가 나쁘더라도 좋은 방향으로 변화할 수 있다고 바라보는 긍정적인 시각이 사회를 바람직한 방향으로 이끌 수 있지 않을까?

잔혹 행위가 일어나더라도 우리는 충격을 이겨 내고 꿋꿋하게 살아가야 한다. 그러기 위해서 범인을 찾고, 범인으로 하여금 형법이라는 잣대로 재판을 받게 하고, 범죄를 반복하지 못하도록 범죄인을 수감시켜 사회로부터 격리시킨다. 그러나 이것은 '죄와 벌'이라는 응보 차원의 제도적 대응이다. 이렇게

죄에 합당하게 응징을 가하는 것이 바로 정의라고 이해하면 이러한 정의를 '응보적 정의'라고 부를 수 있다. 응보적 정의 관념에서는 범죄로 생긴 가해자와 피해자의 갈등을 어떻게 해소할지는 고려하지 않는다. 그런데 1970년대에 들어서자 가해자를 변화시키고 지역사회에 재통합시켜 재범을 줄이자는 새로운 관념이 등장했다. 이를 '회복적 정의'라고 한다.

많은 사람들이 끔찍한 사건들은 끔찍한 동기에서 비롯된 것이라고 생각한다. 물론 많은 사건이 잘못된 증오, 행동에서 비롯된 것은 사실이다. 그러나 이런 범인들이 모두 우리와 완전히 다른 사람이라고 선을 긋는 것은 사실을 제대로 보기 어렵게 만든다. 무엇이 이런 결과를 초래했는지, 그 일부만이라도 이해할 수 있다면 불행한 결과를 막을 수 있게 될 것이다. 그리고 이런 이해는 분명 진실에 더 가까이 다가가게 할 것이다.

잘못의 본질과 원인을 이해하고, 그것을 제거하며, 방법을 찾는 일은 원한의 반복이라는 악순환을 끊는 길이 될 수도 있다. 그리고 잘못된 길로 접어든 이들을 사회에서 완전히 격리하는 것이 아니라 '화해와 용서'라는 다리를 통해 사회로 돌아올 수 있는 길을 놔 주는 것 역시 공동체의 온전한 회복이라는 차원에서 이해할 수 있을 것이다.

나는 아우슈비츠 수용소에서 뼛속까지 전해 오는 전율

에 몸서리친 적이 있다. 이 글을 쓰면서도 그처럼 차마 글로 옮기기 힘들어 외면하고 싶었던 순간이 많았다. 그러나 여기에 실은 사건들은 우리가 외면하기에는 너무 파장이 크고, 이미 역사의 일부가 된 것도 있다. 이 책에서 우리는 지금까지 벌어진 잔혹한 살인 사건을 살펴볼 것이다. 이런 검토는 사건의 이면에 가려져 있던 진실을 바라보게 할 것이다. 그리고 이러한 성찰은 분명 과거의 잘못을 반복하지 않기 위한 길로 나아가게 할 거라고 믿는다.

I

1장

혼란스러운 사회상

대한민국은 1950년부터 1953년까지 6.25 전쟁으로 인해 전쟁의 격랑과 시련을 겪었다. 이 시기에 발생한 두 사건의 공통점은 재물을 노리고 이를 강탈하려다가 살인으로 이어진 강도살인이라는 점이다.

　　　　살인은 인간의 생명을 대상으로 삼기에 범죄 행위 중에서도 가장 잔혹한 행위이다. 그런데 왜 살인이라는 잔혹 행위가 일어나는 걸까? 그 원인을 분석하기 위해 범인과 피해자의 관계를 살펴보자는 견해와 범행하게 된 상황을 살펴보자는 견해가 있다. 상황을 살펴보자는 견해는 범인의 가족 상황, 지인 상황에서부터 사회 상황까지 조사한다. 이 책에서는 지금까지 우리 사회에서 파장이 컸던 살인 사건을 살펴보려고 한다. 그러므로 먼저 당시의 사회 상황을 다루고, 범인을 둘러싼 관계나 가족, 지인 상황은 개별 사건을 검토할 때 살펴볼 것이다.

　　　　1장에서는 1950년대부터 1960년대에 일어난 살인 사건을 다룬다. 대한민국은 1950년부터 1953년까지 6.25 전쟁으로 인해 전쟁의 격랑과 시련을 겪었다. 3년에 걸친 전쟁으로 국토는 황폐화되었고, 경제는 초토화되었다. 정치적으로는 이승만 대통령의 독재 체제가 굳어져 가고 있었다. 여기에 맞서 야당과 재야는 1955년 민주당을 창당하여 이승만 자유당 정부에 대항하였다. 이 시기에는 여러 정치 부정도 자주 발생하였다.

이윽고 1960년의 3.15 부정선거로 인해 4.19 혁명이 일어났다. 이에 따라 이승만 대통령이 하야하며 제1공화국은 막을 내렸다. 이후 의원내각제와 양원제 국회를 채택하고, 윤보선 대통령·장면 총리를 선출하여 제2공화국이 출범하였다. 그러나 제2공화국은 정치 기반이 튼튼하지 못했다.

이듬해인 1961년 5월, 박정희 장군을 비롯한 군부가 쿠데타를 일으켜 제3공화국으로 이어졌다. 제3공화국은 개발독재를 표방하며 경제개발에 진력하였다. 그리고 바로 이 시기에 성수동·화양동 살인 사건과 승가사 살인 사건이 발생하였다. 두 사건의 공통점은 재물을 노리고 이를 강탈하려다가 살인으로 이어진 강도살인이라는 점이다. 범인들은 당시에는 고가였던 차량이나 시계를 노리고 총기를 소지한 채 범행하였다. 이 사건들은 당시의 어려운 경제 형편과 혼란스러운 사회상을 그대로 반영하고 있다.

빗나간 알리바이
성수동·화양동 살인 사건

자백은 '증거의 여왕(Queen of Evidence)'이라 불린다. 자백이 증거 가운데 으뜸이란 뜻이다. 일단 범인이 자백하면 수사기관으로서는 수사가 한결 수월해진다. 그리고 다른 증거가 없어도 쉽게 재판에서 유죄판결을 받을 수도 있다. 피의자가 일단 자백하면 나중에 재판할 때 억울하다고 호소해도 소용이 없는 경우가 많다. 그래서 수사기관은 피의자로부터 자백을 받아내기 위해 힘쓴다. 그렇지만 자백도 알리바이라든지 객관적인 증거와 맞지 않으면 배척될 수도 있다. 아래에서 소개할 사건이 바로 그처럼 자백이 있었음에도 알리바이와 상충되어 무죄가 선고된 사건이다.

1958년 9월 3일, 지프차를 운전하던 운전사 한대섭 씨를 총으로 때린 후 목을 졸라 죽이고 피해자의 상하의를 벗겨 지프차에 싣고는, 성수동에 있는 화양벽돌공장 뒤 논도랑에 시체를 유기한 사건이 발생했다(성수동 살인 사건). 그리고 이듬해인 1959년 3월 4일에는 성수동에서 지프차를 운전하던 운전사 임학출 씨의 머리를 소총으로 강타한 후 목을 졸라 살해하고 시체를 화양동에 버린 사건이 발생했다(화양동 살인 사건).

같은 성동경찰서 관내에서 연이어 지프차 운전사가 살해되는 사건이 발생하자 경찰은 바짝 긴장하였다. 화양동 사건에서 신고를 받은 경찰이 지프차를 조사하자 운전사 옆 좌석 주위와 차량 유리에 피가 있었다. 그리고 뒷좌석에는 신신백화점에서 포장한 와이셔츠가 있었다. 시체의 목덜미에는 로프 끈이 걸려 있었고, 뒤통수와 얼굴에는 파열상이 있어 살인임이 분명하였다. 차량 도어 쪽은 다른 물체와 충돌한 듯 찌그러져 있었고, 칠도 벗겨져 있었다.

운전사가 소지한 돈과 신분증은 그대로 있었고, 현장에서 조금 떨어진 곳에 미제 군화가 발견되었다. 경찰은 용의자를 색출하기 위해 지프차 절도 전과자부터 여관과 세탁소, 공장과 자동차 매매업자, 극장에 이르기까지 광범위하게 조사했다. 그렇지만 좀처럼 범인이 검거되지 않자 초조해진 경찰은 시민에게 제보를 당부하기도 했다. 사건을 지휘하던 서울지방검찰청은 현장검증(살인 사건 같은 강력범죄 사건에서 피의자를 확보하였을 때 범행 현장에서 하는 검증)을 하고 시체를 해부한 뒤, 범행의 방법이나 시체를 유기한 장소 등으로 미루어 봤을 때 성수동 살인 사건과 유사했기에 동일범의 소행이라고 추정하였다. 그리고 범행의 장소나 방법 등으로 미루어 지프차를 평소부터 잘 알고 있는 자들의 소행으로 보고 범행 장소 등을 중심으로 용의자 추적에 나섰다.[1]

경찰은 용의자로 지목된 황 모(남, 당시 28세)를 찾기 위해 안면도에 수사대를 파견했다. 경찰 관계자의 전언에 의하면, 황 모는 처음에 경찰이 모든 사실을 알고 자신을 찾기 위해 안면도까지 인력을 파견한 줄 알았으나 평택경찰서로 이송되는 동안 수사관들이 공범이나 범행 경위를 묻자 자신과 성수동 사건의 관련성에 대해서 모른다는 사실을 눈치채고 범행을 부인하였다고 한다.

그러다가 경찰이 압수한 개머리판(소총 등의 소화기류에서 격발 구조물이 부착되는 몸통) 없는 카빈총(비교적 가벼우며, 자동식 및 반자동식이 있는 미 육군 소총)의 방아쇠란 물적 증거가 있고, 애인인 김 모(여)가 검거되자 성수동 사건부터 자백했다고 했다. 그리고 조사하는 동안 "차 안에 피가 흘렀다", "길이 나빠서 허둥지 등 차를 몰았다"고 진술한 부분이 화양동 사건의 범행 상황과 비슷해서 조사관이 추궁하자 비로소 화양동 사건도 자백했다는 것이었다. 성수동 사건과 관련해서 황 모는 박 모(남), 김 모(남)와 함께 범행했으며, 박 모가 개머리판 없는 카빈총으로 운전사를 내리치는 동안 목을 눌러 운전사를 죽이고 화양벽돌공장 뒤 논도랑에 시체를 유기하였다고 진술했다. 황 모는 비가 오는 밤중에 헤드라이트를 켜고 차를 몰고 허둥지둥 도망가다가 숭인동 도로에 지프차를 버리고 도주했다고 한다.

그리고 성수동 사건을 저지른 지 6개월가량이 경과한 뒤, 화양동에서 지프차를 강탈하려고 박 모와 또 다른 공범인 이 모(남)와 함께 3명이 승객을 가장해서 임학출이 운전하는 지프차에 탄 후, 역시 개머리판 없는 카빈총으로 운전사의 뒤통수를 치고 노끈으로 목을 졸라 차를 몰고 오다가 충돌 사고로 고장이 난 지프차를 용두동 도로에 버리고 도주하였다는 것이다.[2] 사건을 조사한 동대문경찰서는 황 모의 사건을 서울지방검찰청으로 송치하였다. 죄명은 살인강도, 강도, 강도미수였고, 증거물로는 노끈, 지프차 범퍼, 카빈총 방아쇠, 와이셔츠 등이 있었다.

황 모에 대한 재판은 서울지방법원에서 열렸다. 재판 때 황 모는 강도살인에 대해 범행을 부인하면서 화양동 사건의 알리바이와 관련해 자신은 범행 일시에 안면도에서 "신라의 별"이라는 연극을 공연했다고 주장했다. 재판부는 안면도까지 가서 현장검증을 실시하였고, 황 모의 알리바이를 뒷받침하는 증인들의 증언을 들었다.

황 모의 장모와 처형, 동네 청년, 이렇게 3명이 증언하였는데, 이들은 한결같이 화양동 사건이 발생한 3월 4일, 황 모가 안면도에 있었다고 증언했다. 그러자 범인을 신속히 검거하려는 경찰의 공명심으로 인해 수사를 잘못한 것이 아니냐는 비난의 여론이 일었다. 이에 검사는 안면도에 잔류하여 황 모의 알리바이에 대해 집중조사하는 한편, 이들 증인 3명을 서울로 데리고 와서 위증 혐의로 조사했다. 그리고 이들 3명을 다시 증인으로 신청하였다.

이에 대해 법원은 불편한 심기를 내비쳤다. 검사는 황 모의 알리바이에 대해 광범위하게 조사했다. 검사의 주장에 따르면, 황 모는 2월 26일, "신라의 별"이란 연극을 하려다가 3월 9일로 공연을 연기하였다. 그리고 2월 17일과 18일 이틀 동안 배우들과 연극연습을 하였으며, 2월 19일에는 산에 나무를 하러 간 것을 이웃 청년이 목격했다. 그러나 황 모가 단원들에게 연극연습을 시켜 놓고는 잘 나타나지 않아 수소문해 보니 처남을 만나러 서울로 갔다는 얘기가 들렸다. 이후 3월 4일을 전

후해서 1주일 동안은 안면도에서 황 모의 얼굴을 본 사람이 없고, 황 모가 배를 타고 "영등포로 간다"고 한 것을 들은 사람이 많다는 것이다.[3]

이윽고 1960년 2월 2일, 황 모에 대한 선고 공판(판결을 선고하는 공판)이 열렸다. 법원은 황 모가 성수동·화양동 살인 사건의 범인이라고 볼 직접증거(범인을 목격한 목격자의 진술과 같이 범행사실을 직접 증명하는 증거)가 전혀 없다고 하면서 강도살인, 사체유기죄에 대하여 무죄를 선고하였다.

그리고 12회에 걸친 다른 사건인 절도·강도죄만 유죄로 인정해서 황 모에 대해 징역 6년을 선고하였다. 법원은 재판을 하느라 12회에 걸쳐 공판을 열었고, 다섯 번에 걸쳐 현장검증을 하였으며, 40여 명의 증인을 소환하였다. 그러나 황 모가 사건의 진범이라고 볼 수 있는 것은 경찰에서의 자백, 현장검증 때의 진술 외에는 없었다.[4] 당시의 판결문을 통해 법원이 황 모를 무죄라고 본 이유를 살펴보자.

"경찰이 황 모를 검거한 것은 서대문에서 발생한 강도 사건의 범인으로 수배를 시작한 것에서 비롯된 것으로, 황 모가 당시 성수동·화양동 사건과 관련된다는 단서가 없다. 그리고 황 모의 내연의 처인 김 모가 '황 모가 사람을 죽인 적이 있다'고 말했지만 이를 뒷받침할 증거가 없어 이러한 진술은 신빙성이 없다. 또한 범인이 아무런 단서와 증거가 없는 상태에서 순순히 양심의 가책을 받아 자백할 리 없다. 황 모가 공범으로 지목된 김 모를 알게 된 것은 성수동 사건이 발생한 1958년 9월 3일 이후인 1959년 2월이다. 그리고 화양동 사건이 발생한 1959년 3월 4일에 황 모가 안면도에 있었다는 알리바이가 증인들의 증언과 연극공연 사진으로 입증되었다. 그리고 와이셔츠 상자, 노끈, 카빈총 방아쇠도 황 모의 것과 관련성이 없다."

이러한 판결에 대하여 검사는 항소를 제기했지만, 대법원은 살인에 대하여 무죄를 선고한 원심판결을 그대로 확정했다. 성수동 사건과 화양동 사건은 범행의 수법과 장소에 비추어 동일한 범인의 소행으로 추정되므로 연쇄살인범의 형태에 속한다고 볼 여지가 있다. 그러나 범죄학자들 사이에는 연

양측의 주장과 법원의 판단

	검사	피고인 황 모
주장	·1959년 3월 4일 성수동에서 범행.	·1959년 3월 4일 안면도에서 공연.
증거	·피고인의 자백. ·개머리판 없는 카빈총. ·피고인 내연의 처의 진술 (피고인이 사람을 죽인 적이 있다고 말함).	·장모, 처형, 동네 청년의 증언. ·연극공연 사진.
법원	·자백과 기타 증거는 신빙성과 관련성이 없다.	·피고인의 알리바이 인정.

쇄살인범이 되려면 −2명으로도 족하다는 견해도 일부 있지만 − 3명 이상은 되어야 한다는 견해가 많다. 그리고 성수동 사건과 화양동 사건은 지프차를 강취하려다가 우발적으로 운전수를 살해하게 된 것으로 보이므로, 처음부터 살인을 계획하는 연쇄살인범의 경우와 다르다. 차량이 귀하던 시절, 차량은 동경과 선망의 대상이었고 중요한 재산이었다. 이러한 사회적·경제적인 배경이 여러 범인이 가담하여 차량을 강취하게 만든 것이라 볼 수 있다.

성수동·화양동 사건의 경우 피고인이 자백하였음에도 피고인의 알리바이를 반박하는 증거가 없고, 검사가 제출한 증거 중에는 직접증거가 자백밖에 없었다. 그래서 법원은 피고인의 장모와 처형, 동네 청년이 범행 당일 피고인이 안면도에 있었다고 증언한 것과, 그날의 공연 사진으로 비추어 볼 때 자백의 신빙성이 낮다고 평가한 것이다.

자백의 신빙성이 낮다는 것은 허위로 자백했다는 걸 의미한다. 그렇다면 왜 허위로 자백하는 것일까? 조사 과정에서 비록 고문이 없더라도 외부와 단절된 상태에서 이루어진 조사는 강압성을 띤다. 조사받는 피의자는 경찰의 압박, 신문과정에서 느끼게 되는 불안감, 두려움으로 인해 허위로 자백하게 된다. 법원은 수사과정에서의 이런 허위자백의 가능성을 고려한 것이다. 한 가지 눈여겨볼 것은 법원이 당시 사회의 여건상 변호인으로부터 충분하게 조력을 받지 못하는 피고인의 처지를 고려했다는 사실이다.

이 사건에서 법원은 피고인의 후견인 역할을 자처해서 적극적으로 사실을 조사하였다. 물론 '공정한 재판'이라는 견지에서 바라보면 법원이 중립적인 심판자에 있지 않고 적극적으로 증거조사에 나서는 것은 한쪽 당사자에 치우친다는 인상을 주므로 바람직하지 않다. 그렇지만 변호인 제도가 미비하던 당시에는 피고인의 위치가 검사에 비해 매우 열악하였다. 그래서 법원이 후견인 역할을 자처해서 열악한 처지에 있는 피고인을 도운 것이다.

시계가 찾아낸 범인
승가사 살인 사건

1959년 8월 2일, 서울 서대문구 구기동 자하문 밖 승가사에서 강도살인 사건이 발생했다. 이날 밤 10시쯤, 여승만 있는 승가사에 개머리판이 없는 카빈총을 든 괴한 1명이 침입하여 반항하던 여승 1명을 총으로 쏘아 죽이고, 스님이 거처하는 요사채 안에 있던 현금상자와 회중시계(양복의 포켓 등 품속에 넣어 휴대하는 소형시계) 1개, 탁상시계 1개 등을 빼앗아 달아난 것이다.

목격자에 따르면, 범인은 전투모를 쓰고 검은 헝겊을 얼굴 전체에 뒤집어썼으며, 등산용 바지와 카키색 점퍼를 입고 있었다. 사건이 발생하자 경찰은 화계사와 승가사로 연결되는 3각 지역 주변에 경찰관을 잠복배치하였고, 문산과 수원에도 경찰을 파견하였으나 범인을 검거하는 데 실패하였다. 경찰은 범인이 카빈총을 소지하고 있었고, 철저하게 복면하였다는 사실에 착안하여 무기의 출처를 조사하였다. 그리고 범인이 불교 신자만 아는 법어(法語, 정법을 설하는 말이나 불교에 관한 글)에 능통한 사실에 착안하여 사찰 주변 인물과 승가사 주변의 주민을 대상으로 용의자 검거에 나섰다. 한편 범행 현장에서 지문도 채취하였지만 뚜렷한 지문은 나타나지 않았다.

시간이 지나도 범인에 대한 단서를 찾지 못하자 경찰은 차츰 초조한 기색을 보이기 시작했다. 그래서 탈영병과 제대한 군인, 그리고 휴가 중인 군인은 물론, 인근 주위의 관련 인물에 대해서도 광범위하게 조사했지만 유력한 용의자는 떠오르지 않았다. 사건이 보도되자 그날 저녁 카빈총을 소지한 청년을 보았다거나, 권총을 소지한 청년을 보았다는 목격자가 나타나서 용의자를 찾아 보았지만 용의자의 이름이나 주소를 몰라 수사는 진척되지 않았다.

한편 검찰은 범인이 평안도 사투리를 썼고, 승가사가 간첩이 월남하는 경로에 있으며, 범인이 카빈총을 소지한 것으로 보아 공비나 간첩의 소행일 가능성에 무게를 두고 수사하였다. 베트남 전쟁 때 베트콩의 게릴라전이 성과를 거두자 북한은 이를 모방해서 꾸준히 무장 게릴라를 남한으로 파견했다. 당시 이런 무장 게릴라를 '공비'라 불렀는데, 공비들은 무기를 소지한 채 남파되기도 했지만 남한에서 무기를 노획한 경우도 있었다. 그래서 경찰은 공비나 간첩이 카빈총을 노획하여 범행한 것으로 본 것이다.

이같이 범인의 단서조차 찾지 못하고 우왕좌왕하는 사이에 서울 성북경찰서에서는 자신이 범인이라고 주장하는 사람도 나타났다. 황 모(남, 당시 25세)는 강도와 절도, 사기 사건의 범행을 자백하면서 자신이 개머리판 없는 카빈총으로 승가사의 여승을 살해하고 강도짓을 하였다고 자백하였다.

그러나 다음 날부터는 그 사실을 부인하였다. 관련 증거도 조사해 보았지만 황 모가 범인이라고 볼 아무런 증거도 나타나지 않았다. 한편 경찰은 성수동·화양동 사건과 마찬가지로 범인이 카빈총을 소지하고 강도짓을 하다가 살인에 이르렀다는 점에서 범행의 수법이 비슷하다고 보고 동일 범인의 소행인지도 조사하였다.

용의자를 검거하는 데 실패한 경찰은 경찰인력을 대폭 증원해서 범인 검거에 나섰다. 범인이 검거되지 않고 수사가 장기화되자 언론에서는 일제히 경찰의 무능함과 수사의 허점을 비판하고 나섰다. 그로부터 얼마 후, 안양경찰서 관내인 삼성산 정상에 있는 상불암에서 승가사 사건과 비슷한 수법의 강도 사건이 발생했다. 이어 관악산 기슭에 있는 마을 담뱃가게와 소금가게를 닥치는 대로 턴 강도 사건도 발생했다.

경찰은 사건의 범인이 마을과 연고가 있다고 보고, 승가사 사건의 범인과도 연결시켜 추적했다. 호구조사를 하는 척하면서 마을사람들을 조사하던 경찰관 중 하나가 어느 집에서 독일제 탁상시계를 보았다. 그런데 그 시계는 바로 승가사에서 나온 것이었다. 그래서 경찰은 문제의 탁상시계가 나온 집을 집중해서 조사했다. 그런데 그 집 아들이 수상했다. 그 집 아들은 원래 오래전에 가출했는데 최근에 종종 마을에 나타났다고 했다. 경찰은 잠복근무를 하여 마침내 마을에 나타난 범인을 검거하는 데 성공했다.[5]

범인 차명규(남, 당시 25세)는 수사기관에서 범행 사실을 순순히 자백하면서 때로는 눈물을 보이기도 했다. 차명규는 승가사 사건 외에도 상불암 강도 사건, 안양 강도 사건 등 5건에 달하는 강도·절도 사건을 자백했다. 차명규는 5살 때 친부가 재혼하여 계모 슬하에서 자라났다.

그러다 계모의 냉대를 견디다 못 해 8살 때 집에서 나와 서울과 강원 등지를 떠돌아다니며 막노동 일을 하면서 살았다. 돈이 궁했던 차명규는 이후 친모를 만나 자주 왕래하다가 정모(남, 당시 19세)를 알게 되었고, 그를 통해 이 모(남, 당시 19세)가 카빈총을 갖고 있다는 얘기를 듣고 강도를 하기로 마음먹었다. 그리고 범행 장소를 찾아보다가 높은 곳에 있어 인적이 드물고 여승만 거주하는 승가사가 있다는 사실을 알게 되었다. 이윽고 8월 2일, 차명규는 승가사에 가서 범행을 저질렀다.

이어서 8월 9일 새벽에도 안양 삼성산에 있는 상불암에서 복면하고 카빈총을 든 채 동일한 방법으로 현금을 강취하였다. 9월 3일 새벽에는 시흥에 있는 정 씨(여, 당시 36세) 집에서 현금을 강탈하였고, 9월 5일 밤에는 시흥에 있는 최 씨당시 (남, 당시 72세) 집에서 현금과 만년필, 담배를 강탈하였다. 계속해서 10월 1일 밤에 안양에 있는 이 씨(남, 당시 26세)의 가게에서 강도 행위를 하려다 이 씨의 완강한 저항으로 카빈총을 떨어뜨리고 도주하였다.

차명규의 범행 일지

1959. 8. 2.	8. 9.	9. 3.	9. 5.	10. 1.
승가사에서 강도살인	상불암에서 현금강도	시흥에서 현금강도	시흥에서 물품강도	안양에서 강도미수

조사 때 차명규는 "저는 가정이 불행해서 강도짓을 하

게 된 것이며, 그 밖에 나쁜 짓은 한번도 한 적은 없었습니다"
라며 "자수하려고 몇 번 생각해 보았습니다만 잡히면 죽지 않
을까 겁이 났습니다"라고 말했다. 도피생활 중 자신에 대한 신
문기사를 보았고, 여승이 죽은 걸 알고 놀랐
다고도 했다.[6]

　　범인이 검거되자 서울지방검찰청은
사건현장인 승가사에서 현장검증을 실시하
였다. 검증은 경찰관이 입회한 가운데 검사
에 의해 시작되었다. 차명규는 사건현장에
도착하기 전부터 눈물을 흘리면서 후회하는
듯한 모습을 보이며 순순히 범행 장면을 재
현하였다.

　　차명규는 범행 당시 입고 있었던 코
르덴 잠바를 입고 전투모를 썼다. 그리고 범
행하기 전에 승가사 앞에 있는 삼각산 언덕에서 밤이 깊어지기
를 기다렸다가 검은 복면으로 얼굴을 가리고 개머리판 없는 카
빈총을 들고 승가사 중정에 들어서자마자 갖고 있던 카빈총으
로 하늘을 향해 2발을 발사했다고 재현했다. 그리고 방으로 들
어가 잠들어 있던 20여 명의 여승을 깨워 "나는 이렇게 다니는
사람이다. 돈 25만 환(1953년부터 쓰던 화폐단위, 1962년부터 '원'을 사용

울면서犯行을再演
僧伽寺
强盜事件現場檢證

"울면서 범행을 재연",
동아일보(1959.11.10).

하고 있다)이 필요하다. 내놓아라" 하고 소리쳤다고 재현했다.

그 후 그는 20여 명의 여승 가운데 여승 이씨만을 밖으로 끌고 나가 돈이 있던 곳이 어디인지 추궁했다. 그리고는 다시 방으로 들어서면서 공포 1발을 발사하여 한층 공포분위기를 조성한 뒤 주지의 행방을 물었다. "행방을 모르겠다"고 대답하는 여승 서씨에게 화를 내며 카빈총대로 때린다는 것이 오발되어 옆에 있던 여승 최자성 씨에게 맞아 즉사하였다고 하면서 모든 장면을 재현했다. 검증할 때 그는 "나는 총 쏘는 법을 잘 모르고 친구로부터 빌려 받을 때 총알이 12발 있다는 사실밖에 몰랐어요. 그 순간 나도 모르게 '빵' 하는 소리가 나서 겁이 났어요. 사람이 죽은 것은 나중에 여승이 울고 사람이 죽었다고 해서 알았어요"라고 하면서 살의가 전혀 없었다고 주장했다. 그러나 목격자로 나선 여승들은 "일렬로 늘어서라. 꼼짝하면 죽인다"고 위협한 사실이 있다고 진술했다. 그리고 여승이 죽어 "아이고, 사람이 죽었다"며 울음을 터트리자 "대들면 다 죽인다"고 말한 사실이 있어 살의가 있어 보였다고 진술했다.[7]

이후 서울지방검찰청은 범인 차명규와 그에게 카빈총을 빌려준 이 모(남, 당시 19세)를 강도치사, 상습강도, 동미수, 법령 제5호 위반, 병역법 위반 등의 혐의로 구속기소하였다. 이후 이들에 대한 재판은 서울지방법원에서 열렸다. 이날 차명규는 "강도 목적은 있었으나 살의는 전혀 없었는데 총이 오발되어 여승을 죽이게 된 것이다"라고 진술했다. 검사는 차명규에게 사형을 구형했다.

그리고 16일, 이들에 대한 선고 공판이 열렸다. 재판장은 '차 피고인이 승가사에서 사람을 죽인 것은 미리 죽이려 한 것보다 강도를 범하다가 갑자기 총이 오발되어 여승 최자성 씨를 죽이게 된 것'으로 보고, 이것은 강도치사에 해당하므로 무기징역을 선고한다고 밝혔다. 그리고 차명규에게 개머리판 없는 카빈총을 빌려준 이 모에게는 그가 미성년자임을 참작해서 징역 1년에 집행유예 2년을 선고하였다.[8]

강도범이 고의로 사람을 죽이면 강도살인죄로 처벌받는다. 그러나 부주의로 인해 과실로 사람을 죽였을 경우 강도치사죄로 처벌받는다. 과실치사는 고의범인 강도살인보다 처벌 수위가 낮다. 그래서 차명규에게 무기징역이 선고된 것이다.

범인이 검거된 것은 승가사 사건과 관련된 사건을 면밀하게 검토하고, 이를 토대로 용의자의 추적에 나선 경찰이 있었기 때문이다. 그러나 아쉬운 점도 있다. 당시에는 범인을 직접 목격한 목격자만 20여 명이 있었다. 비록 범인이 복면하였다고 하나 목격자의 진술, 범인이 남긴 물적 증거(족적, 지문 등) 등을 토대로 좀 더 치밀하게 조사하였더라면 엉뚱한 사람을 조사해서 자백까지 받지 않았으리라 보인다.

　　한편 이 사건은 경제적으로 어려웠던 당시 사회 상황을 반영하고 있다. 오늘날 시계 등을 노리고 총기강도를 벌이려는 사람은 거의 없을 것이다. 그러나 당시에는 이러한 시계 등이 중요한 재산으로 간주되었으므로 사찰에까지 가서 강도짓을 벌인 사건이 연이어 발생하였던 것이다. 우리나라 살인 사건 중에서 총기로 살해한 경우는 외국에 비해 많지 않고 드문 편이다. 그 이유는 총기류의 소지를 규제하고 있기 때문이다.

　　우리나라는 1962년 1월 1일부터 「총포·화약류단속법」을 시행하여 총포류의 제조와 거래, 소지 등을 규제해 왔다. 이 사건은 이러한 법률이 시행되기 전에 발생하였고, 그래서 강도짓을 하기 위해 카빈총을 소지하게 되었던 것이다. 총기에 의한 범죄 행위가 계속되자 정부는 「총포·화약류단속법」을 제정하여 규제하기 시작하였고, 오늘날까지 이러한 정책은 계속되고 있다.

2장
발전 뒤의 갈등들

1970년대에 경제는 발전하였지만, 상대적으로 발전의 혜택을 받지 못한 이들도 생겼다. 그리고 이로 인한 사회갈등이 일기 시작했다. 이 시기에는 개인과 개인 사이, 개인과 사회 사이의 갈등이 점차 부각되었다.

　　　　1971년의 대통령 선거에서 박정희 대통령은 신민당의 김대중 후보를 이기고 3선을 달성했다. 그리고 1972년, 유신헌법 개헌이 통과되면서 제4공화국이 수립되어 본격적인 유신시대가 시작되었다. 정부가 중공업 육성 정책을 펼쳐 경제는 발전하였지만, 저임금 정책 등으로 인해 상대적으로 경제발전의 혜택을 받지 못한 이들이 생기는 등, 사회 약자에 대한 배려는 미흡했다. 그래서 이로 인한 사회갈등이 일기 시작했다.

　　　　이 시기 남북한은 한때 7.4 남북공동성명과 적십자회담을 통해 남북한 UN 동시 가입을 추진하기도 하였으나 전체적으로 볼 때 남북이 대결하던 시기였다. 북한은 주석제와 주체사상이, 남한에서는 10월 유신체제가 확립되었다. 이러한 시대적 배경 속에서 1974년, 조총련의 지시를 받은 문세광이 육영수 여사를 저격하였다. 또 1976년에는 북한이 판문점에서 미군 장교를 도끼로 살해한 판문점 도끼 살인 사건도 발생했다.

　　　　이런 와중에 1975년 서울 종로구에서 아내를 살해한 후 토막 내는 사건이 발생하였다. 같은 해 부산에서는 어린이를 연쇄살인하는 사건도 벌어졌다. 그리고 그해에 김대두는 순천, 서울, 양주, 시흥, 수원에서 17명을 살해했다.

　1979년 10월 26일, 김재규 중앙정보부장이 박정희 대통령을 시해함으로써 유신체제는 막을 내리게 되었다. 이들 사건들이 살인 행위자를 중심으로 한 갈등 관계로 비롯된 것이어서 당시 남북한 대립과 긴장 관계, 경제개발과 소외계층의 발생, 유신체제의 계속으로 인한 갈등 표출이라는 시대적 상황을 그대로 반영하고 있지는 않다. 그러나 이러한 시대적인 상황이 곳곳에 드리웠던 시기라 볼 수 있다. 결국 이 시기는 개인과 개인 사이의 갈등과 개인과 사회 사이의 갈등이 점차 부각되던 시기라 할 수 있다.

토막 난 인륜
이팔국 아내 살인 사건

_____인간은 어디까지 잔혹해질 수 있을까? 토막살인 사건을 접할 때마다 우리는 이렇게 질문한다. '토막살인'이란 사람을 살해하는 것도 모자라 시신을 절단하여 훼손하는 범죄를 일컫는 말이다. 시체를 토막 내고 운반하는 것은 많은 시간과 노력을 요구한다. 그럼에도 토막살인을 저지르는 데에는 나름의 이유가 있을 것이다.

가장 큰 이유는 증거를 숨기고 범행을 은폐하기 위함이다. 시체가 발견되지 않으면 살인 행위 자체가 드러나지 않고 그대로 묻힐 가능성이 커지기 마련이다. 또 시체를 잘게 토막 내어 크기를 줄이면 운반하기가 한결 수월해진다. 마지막으로 토막 낸 시체를 산이나 강, 바다에 버리면 훼손되거나 부패가 진행되어 범행이 은닉되거나 피해자의 신원을 파악하기도 어려워진다.

우리나라 최초의 토막살인 사건은 1965년에 춘천 호반에서 발생하였다. 발견된 시신의 목은 잘려 있었고, 몸에도 칼질 흔적이 나 있었다. 경찰은 피해자 이 씨(여, 당시 32세)와 사이가 좋지 않던 전남편을 용의자로 보고 수사했으나, 정작 범인은 주막집 주인으로 드러났다.

이후에도 우리 사회에서 토막살인 사건은 끊이지 않고 발생하였다. 과천 토막살인 사건, 수원 토막살인 사건(오원춘 사건), 시화호 토막살인 사건, 유영철 사건, 이은석 토막살인 사건, 홍대 토막살인 사건 등등… 1965년에 일어난 춘천 호반여인 토막살인 사건에서부터 시작된 토막살인 범죄는 시간이 흐를수록 수법이 더욱 잔인해졌다.

이후 모방범죄자들은 범죄의 흔적을 완전히 지울 수 있다는 생각 때문인지 점차 더 엽기적인 수법을 써서 형태를 알아볼 수 없게 시신을 심하게 훼손하였고, 그 수법도 갈수록 교묘해지고 치밀해졌다. 아래에서 소개하는 이팔국 아내 살인 사건도 모방범죄의 잔혹성에서 볼 때 정점에 이른 사건이고, 그만큼 우리 사회에 큰 파장을 불러온 사건이다.

1975년 6월 20일, 서울 종로구 명륜동에서 언론이 "인간의 탈을 쓰고 차마 할 수 없는 짓"이라고 개탄을 금치 못한 살인 사건이 벌어졌다. 사건의 범인인 이팔국(남, 당시 47세)은 일찍이 부모를 여의고 고아로 자라나다가 1958년에 결혼해서 슬하에 4남매를 두었다. 이후 1969년에 처가 사망하자 일정한 직업이 없이 살면서 식모를 강간하고, 사기를 치고, 폭력 행위를 저질렀다. 그러다가 1973년 9월, 다방과 양장점을 운영하던 이 씨(여, 당시 43세)를 만나 내연 관계로 동거를 시작했다.

　　이 씨는 전남편과 이혼한 뒤 이팔국을 만났고, 당시 이팔국은 실직 상태였기에, 이 씨가 다방을 경영해서 이팔국 소생의 자녀 4명을 포함한 6식구의 생계를 책임졌다. 이팔국이 무직 상태로 집에서 빈둥거리며 소일하는 날이 잦아지자 부부는 다투는 날이 많아지게 되었다. 그리고 이팔국은 이 씨의 의상실과 살림집을 자기 명의로 해 달라고 요구하다가 여의치 않자 이 씨의 허락을 받지 않고 몰래 혼인신고하였다.

　　참다 못한 이 씨가 이혼을 요구하자 부부 싸움을 하다가 분노를 주체하지 못한 이팔국은 1975년 6월 19일 밤, 이 씨의 목을 졸라 살해했고 이 과정에서 이 씨가 할퀸 상처가 이팔국의 손등에 남았다. 이팔국은 자신의 범행을 숨기기 위해 죽은 이 씨의 시체를 어떻게 처리할지 고민하다가 다음 날 새벽 1시부터 6시까지 5시간에 걸쳐 끔찍한 행각을 벌였다.

시신을 욕실로 옮겨 피부조각은 머리카락과 함께 태우고, 살점은 수십 조각으로 토막 내어 하수구에 버린 것이다. 이팔국은 나머지 근육 등을 비롯한 살덩이를 난도질한 다음 김치와 함께 항아리에 묻었다. 눈알과 내장은 잘게 다져 하수구에 버렸고, 두개골과 뼈는 토막을 낸 뒤 아령으로 가루로 만들어 연탄재와 섞어 하수구에 흘려보냈다.

그러다가 날이 밝아오자 이팔국은 집에 소독액을 뿌려 태운 냄새를 없앴고 자고 있던 아이들에게 "누가 물으면 엄마는 20일 새벽에 집을 나간 뒤 일절 소식이 없다고 해라" 하고 입막음까지 시켰다. 오전에 집 안 소독을 마친 뒤 그날 밤에는 연탄재에 섞은 뼛가루를 비닐봉지에 담아 시멘트 부대로 싸서 집에서 1km가량 떨어진 페인트 상회 옆 쓰레기 하치장에 있던 리어카 속에 버렸다.

다음 날 새벽에는 김칫독에 묻어 둔 근육조각을 버킷에 담아 집에서 200여m 떨어진 성균관대학교 옆에 있는 동네 쓰레기장에 버린 후 아무 일 없다는 듯 태연하게 산책했다. 살 한 점도 남기지 않고 시체를 처리했으므로 이팔국은 자신이 완전범죄를 저질렀다고 생각했을 것이다.

그런데 이 씨의 딸은 어머니 이 씨가 사흘째 모습이 보

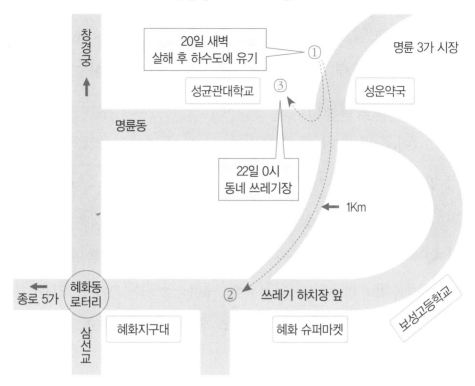

범행 장소와 시체유기 장소

창경궁

20일 새벽
살해 후 하수도에 유기 ①

명륜 3가 시장

성균관대학교 ③

성운약국

명륜동

22일 0시
동네 쓰레기장

← 1Km

← 종로 5가

혜화동
로터리

삼선교

혜화지구대

② 쓰레기 하치장 앞

혜화 슈퍼마켓

보성고등학교

이지 않자 경찰에 신고했다. 그리고 평소 성격이 난폭하고 걸핏하면 어머니에게 손찌검을 하던 의붓아버지 이팔국이 아무래도 수상하다고 말했다. 실종신고가 접수되어 수사가 막 개시될 무렵, 서울 명륜동의 한 골목에서 환경미화원이 쓰레기봉투를 수거하다가 사람의 것으로 보이는 뼈를 발견했다.

경찰은 그 뼈를 국립과학수사연구원에 보내어 부검을 의뢰했다. 부검한 결과 그 뼈는 사람의 뼈이고, 톱으로 잘린 것으로 드러났다. 실종신고가 접수된 지 6일째 되던 날, 경찰은 이팔국의 자녀들과 이 씨 소생의 자녀들을 소환해서 조사했다. 아이들은 "20일 새벽에 둘이 싸우다 조용해졌다. 아침에 일어나자 역겨운 냄새가 났는데 아버지가 '벌레가 끓어 그런다'며 소독했다"고 진술했다.

이후 토막 난 뼈의 조각이 이 씨의 것으로 밝혀졌고, 사건 발생 10일 만에 이팔국은 검거되었다. 경찰이 조사해 보니 범행 현장인 욕실은 정말 먼지 한 점 없을 정도로 깨끗했다. 이팔국이 범인이라는 직접증거가 없고, 정황증거(범행 현장에서 발견된 지문과 같이 범죄사실을 간접적으로 추인할 수 있는 증거)만 있는 가운데 이팔국이 평소 이 씨와 자주 싸웠고, 느닷없이 혼인신고를 한 사실도 드러났다.

이팔국은 부부가 이혼할 경우에 재산분할을 받으려고 혼인신고를 해 둔 것이었다. 그럼에도 이팔국은 범행을 부인했다. 그러나 자신의 딸이 "뭔가 태운 냄새와 정육점에서 나는 냄새가 섞여서 났다"고 진술하자 이 씨가 손을 할퀴는 바람에 순간적으로 정신을 잃고 목을 졸랐다며 범행을 자백하였다.[1]

이팔국이 시체를 훼손하는 장면을 진술하자 조사하던 경찰관은 몸서리치며 펜을 내동댕이치기도 했고, 바로 앞에 악마가 도사리고 있다는 생각이 들어 다리가 후들거리며 떨려 왔다고 한다. 너무나 역겨워 진술을 받는 내내 줄담배를 피웠고,

자신도 모르게 입술을 깨물어 상처가 나기도 했다.

　　이후 경찰은 욕실을 뜯어내다시피 하여 하수구 밑에서 길이 3~4cm가량의 뼛조각 3개를 찾아냈다.[2] 그리고 이팔국이 범인으로 검거된 지 1주일 만에 현장검증을 실시했다. 주민 50여 명이 몰려와서 당시 상황을 재현하는 모습을 지켜보았고, 치를 떨며 "저놈 죽여라" 하고 외쳤다.

　　이팔국에 대한 재판은 서울지방법원에서 열렸다. 죄명은 살인과 사체모욕죄였다. 재판부는 피고인 이팔국에게 사형을 선고하면서 "피고인의 범행 행위는 우발적이었지만 그 뒷과정에서 시체를 훼손하는 등 지극히 잔인하고 야만적이며 인명을 천시하는 피고인의 행위는 용서의 여지가 없다"고 밝혔다.[3]

　　이팔국의 변호인은 이팔국이 범행 당시 기억상실 등의 심신상실 상태(피고인이 범행할 때 심신상실이나 심신미약 상태에 있었다면 형을 면제받거나 감경받을 수 있는 사유가 된다)에 있었다고 주장했다. 그러나 법원은 이런 변호인의 주장을 받아들이지 않았다. 이팔국은 판결에 불복하여 상소, 상고하고 재심까지 청구하였지만 모두 기각되었다. 그리고 1977년 11월에 사형이 집행되었다.

　　이팔국이 사망한 후 지금까지 토막살인 범죄는 끊이지 않고 계속 발생하고 있다. 범죄학에서는 이를 '카피캣 효과

(Copycat effect)'라 부른다. 카피캣 효과란 범죄나 자살 등의 방법을 모방하여 수행하는 행동을 말한다. 주로 뉴스에서 보도되는 살인 사건이나 범죄영화를 보고 모방하며, 정신질환을 앓고 있는 사람이나 어릴 적에 폭력을 당한 경험이 있는 사람에게서 나타날 수 있다. 이팔국은 이 씨와 결혼하기 전에 정육점을 운영하였다. 그렇기 때문에 칼솜씨가 능숙했을 것이며, 완전범죄를 노리고 시신을 토막 낸 것이다.

그리고 그가 이런 잔혹한 범죄를 생각한 것은 과거에 토막살인 사건에 대한 뉴스 보도를 접하거나 폭력적인 드라마나 영화를 본 영향으로 인한 것일 수도 있다. 폭력적인 매체에 노출되는 것이 정말 폭력성을 증가시키는가 하는 문제는 어느 사회에서나 자주 등장하는 논쟁거리다. 많은 연구에서 TV의 폭력성이 아동의 공격행동의 빈도에 중대한 영향을 미친다고 보고하고 있다.

또 뉴스 보도가 전염이나 모방의 효과를 낳는다는 주장도 있다. 미국의 학교에서의 총기난사 사건이 끊이지 않는 것도 이러한 뉴스 보도의 영향 때문이라는 견해가 있다.[4] 우리나라에서도 1999년에 개봉한 《주유소 습격 사건》이란 영화를 보고 이를 따라한 청소년들이 체포된 적이 있다. 이와 같이 미디어 폭력(미디어를 통해 묘사되는 폭력)이 공격행동을 유발한다고 보는 견해가 많기는 하지만 그것이 충분조건이 될 수는 없다.

　　사실 공격행동은 여러 원인으로 인해 발생된다고 보는 것이 옳다. 그렇지만 많은 연구에서 미디어 폭력에 노출될수록 공격적인 행동이 증가되는 것으로 밝혀지고 있으므로 미디어 폭력을 줄이기 위한 노력은 계속되어야 할 것이다.

I

피로 얼룩진 낙서
부산 어린이 연쇄살인 사건

1975년 8월 20일, 부산 사하구 장림동에서 7살 된 김 양 (당시 7세)이 실종된 후 살해된 채 발견되었다. 그로부터 5일 후인 8월 25일에는 부산 동구 좌천동에 사는 배 군(당시 5세)이 실종된 후 살해된 채 발견되었다.

평소 핫도그를 좋아하던 김 양은 그날도 "핫도그를 사 먹으러 간다"며 집을 나섰다. 늦은 시각이었지만 핫도그를 파는 가게가 집에서 가까웠기에 김 양의 부모는 걱정하지 않았다. 그런데 한참을 지나도 김 양이 집으로 돌아오지 않자 그들은 딸을 찾아 나섰다. 핫도그 가게 주인은 김 양이 핫도그를 사 들고 곧장 집을 향해 뛰어갔다고 말했다. 한참을 기다려도 김 양이 나타나지 않자 인근 지구대 경찰관까지 나서서 찾았지만 찾지 못했고, 이후 김 양을 보았다는 사람도 나타나지 않았다.

다음 날인 8월 21일 오전 5시 45분쯤, 부산 중구 동광동 용두산공원 인근 숲속에서 공원을 순찰하던 공원관리인 문 씨(남, 당시 35세)가 어린아이의 시신을 발견했다. 문 씨는 바로 지구대에 신고했으나 경찰관은 2시간이 지난 8시쯤에야 현장에 도착했다. 시신은 속옷을 찢어 만든 끈으로 손발이 묶여 있었고, 목이 졸려 사망한 것으로 보였다.

그리고 배에는 검은색 사인펜으로 "범천동 이정숙이가 대신공원에서 죽였다"라는 낙서가 쓰여 있었다. 그런데 출동한 경찰관은 상부에 '걸인으로 보이는 여아가 식중독 내지 약물중독으로 죽어 있었으며, 외상 흔적이 없어 타살로 보기 어렵다'고 보고했다. 그러나 죽은 아이는 손발이 묶여 있었고 목에는 졸린 흔적이 있었으며, 범인이 '죽였다'는 낙서를 시신에 남겼으므로 이러한 보고는 크게 잘못된 것이었다. 경찰은 보고 이후 죽은 아이에 대한 변사자 신원수배를 내렸다. 그날 오후 '신원수배된 아이가 어제 실종된 내 딸인 것 같다'라는 연락이 왔다. 전날 실종된 김 양의 가족이었다.

김 양의 가족은 처참하게 살해당한 김 양의 시신을 보고 절망했다. 또한 타살의 흔적이 명백한데 식중독으로 사망했다고 보고, 가족이 있음에도 걸인이 죽은 것으로 보고한 것을 보자 분노했다. 김 양 가족이 강력하게 항의하자 경찰은 그제야 수사 방향을 유괴살인으로 전환했다.

시신의 상태로 보아 김 양은 실종된 직후에 살해된 것으로 추정되었다. 김 양은 핫도그를 사들고 돌아오는 길에 유괴되어 살해된 것으로 추정되지만 그 사이에 김 양을 보았다는 목격자는 전혀 나타나지 않았다. 그래서 경찰은 면식범에 의한 소행일 가능성에 무게를 두고 탐문조사를 했다. 그리고 김 양의 시신에 이상한 글씨를 남긴 점이나 김 양의 부모에게 돈을 요구한 사실이 없고, 김 양의 상의와 신발이 없어지고 팬티만 입고 있었다는 점에 착안하여 성도착증 환자나 성폭력 전과자일 가능성에 대해서도 조사했지만 용의자는 나타나지 않았다.

그로부터 불과 5일 후인 1975년 8월 24일 오후 7시쯤 부산 동구 좌천동에서 집 앞에서 놀던 배 군(당시 5세)이 실종되었다. 가족들은 밤새도록 찾아다녔으나 그날 7시 이후 배 군을 본 사람은 아무도 나타나지 않았다. 그리고 다음 날인 8월 25일 오전 6시, 부산 서구 남부민동의 한 야적장에서 사과상자 더미 사이로 손발이 묶인 채 죽어 있는 배 군이 발견되었다.

배 군의 목은 졸려 있었고, 런닝셔츠로 찢어 만든 끈으로 손발이 묶여 있었으며 복부에는 "후하하 죽였다"라는 섬뜩

한 글씨가 쓰여 있었다. 경찰은 김 양과 배 군의 살인을 동일범의 소행으로 추정했다. 그 근거는 다음과 같았다.

- 범행 대상이 아동이다.
- 살해 방법이 같다.
- 범행 시각이 비슷하다.
- 시체에 낙서를 남겼고, 필체가 유사하다.
- 시체를 버린 장소나 방법이 비슷하다.

경찰은 이런 추정에 따라 수사본부를 설치하고 조사에 들어갔다. 대통령의 특별지시가 내려지자 검찰 역시 수사본부를 설치하였다. 그럼에도 수사에는 진전이 없자 치안본부에서는 현상금을 걸며 시민들에게 신고를 당부하였고, 포상금도 걸어 수사관들에게 수사를 독려하였다.[5]

8월 18일, 부산 부산진구에서 집 앞에서 놀고 있던 이 양(당시 8세)을 30대 남자가 유괴하여 대신공원으로 데리고 가서 옷을 벗기고 성폭행하려 하였으나 미수에 그친 사건이 발생했다. 김 양 사건에서 범인이 김 양의 배에 "대신공원에서 죽였다"라고 썼으므로 이 사건은 김 양 사건과 관련성이 있거나 동일범의 소행일 가능성이 있었다.

8월 24일 오후 5시에는 부산 동구 좌천동에서 집 앞에서 놀고 있던 한 군(당시 10세)을 30대 남자가 연필깎이 칼로 위협해서 납치하려 한 사건이 발생했다. 그리고 그로부터 2시간 후에 같은 동네에서 배 군이 납치되어 살해당했으므로 두 사건이 관련이 있을 가능성도 보였다. 8월 25일에는 부산 부산진구 가야동에 있는 야산에서 동생과 메뚜기를 잡고 있던 최 양(당시 10세)을 30대 남자가 납치하여 강간한 사건도 발생했다. 그러나 범인의 인상착의가 다르고, 살해하지 않았다는 점에서 연쇄살인범과는 다른 범인으로 보인다.

이어서 8월 26일에는 부산 동구 수정동에서 이 양(당시 9세)을 납치하려 하다가 미수에 그친 사건이 발생했다. 그리고 8월 27일에는 부산 동래구 온천동에서 20대 범인이 가게에서 물건을 사가지고 오던 배 양(당시 14세)을 칼로 위협해서 납치하려다가 미수에 그치고 체포됐다. 범인은 동네 불량배였으며, 조사해 보니 연쇄살인과는 무관한 것으로 드러났다.

다음 날인 8월 28일에는 부산 동래구 우동에서 길에서 놀던 김 군(당시 7세)을 30대 남자가 유괴하려다 미수에 그친 사건이 발생했다. 연쇄살인과 관련성이 있는 사건을 포함해서 어린이 유괴 사건이 연이어 발생하자 정부는 부산 시내 7개 경찰서의 수사본부를 통합하여 지휘하는 특별수사본부를 설치하여 범인 검거에 나섰다. 그리고 용의자의 몽타주가 담긴 전단지를 전국에 배포하고, 현상금까지 걸었지만 범인 검거에 실패했다. 피해자들의 진술을 토대로 한 범인의 키는 170cm가량이고, 나이는 30대가량이었다.

　　이후 이와 유사한 범행이 발생하지 않아 잠잠해졌지만 수사당국은 범인을 검거하지 못해 전전긍긍하였다. 그러다 11월 30일 오전 11시 30분쯤, 부산 영도구의 영선초등학교 화장실에서 이 양(당시 8세)의 시신이 발견되었다. 목에는 졸린 흔적이 있었고, 목과 발에 피부가 찢긴 흔적이 남아 있었다. 그리고 그날 밤 11시 30분쯤에는 부산 서구 감천동의 까치고개 부근에서 이 군(당시 13세)의 시신이 발견되었다. 이 군은 양복점 직원으로 일하고 있었는데 노점에서 김밥 장사를 하는 어머니를 만나러 갔다가 실종되어 살해되었다. 이 군의 목에는 졸린 흔적이 있었고, 얼굴에는 둔기로 가격한 흔적이 남아 있었다.

　　이 군이 살해당한 지 1시간 후인 12월 1일 새벽, 순찰을 하던 경찰관이 통행금지(야간통행금지, 1945년 9월부터 1982년 1월까지 시행되었다) 위반으로 체포한 박홍근(남, 당시 24세)을 경찰서로 인계했다. 그런데 옷에 피가 묻어 있어 조사하다가 위 두 사건의 범행에 대한 자백을 받아 냈다. 범인 박홍근은 이 양의 언니마저 살해하려다가 미수에 그친 사실도 드러났다. 자신의 누나가 용돈을 주지 않은 데 불만을 품고 조카인 이 양을 살해한 뒤, 충동이 지속된 상태에서 이 군마저 살해한 것이었다. 수사 기관은 박홍근이 연쇄살인의 범인인지 추궁했지만, 연쇄살인 사건과의 관련성은 드러나지 않아 결국 별개의 사건으로 결론이 났다.

이후 서울 영등포경찰서는 폭력전과 6범인 박 모(남, 당시 24세)를 연쇄살인범으로 검거하여 조사하였다. 박 모를 용의자로 본 것은 몇 가지 이유에서이다. 박 모의 인상착의가 수배된 몽타주의 범인과 비슷하며, 범인같이 몸에 문신이 있고, 교도소를 출소한 이후의 행적이 뚜렷하지 않으며, 부산에서 초등학교를 마쳐 부산 지리에 밝고 부산 말씨를 쓴다는 점이다.[6] 그러나 조사한 결과 박 모는 부산 어린이 연쇄살인과 무관하다는 사실이 드러났다. 이후 경찰은 수많은 인력을 투입하여 500명이 넘는 용의자를 조사했으나 범인을 검거하는 데 실패했으며,[7] 이 사건은 미제 사건으로 남게 되었다.

부산 어린이 연쇄살인범은 몇 가지 특징을 보여 준다. 먼저 지리적으로 범인은 부산이라는 특정 장소에서 범행했다. 범죄학자들은 연쇄살인범을 공간적인 특성상 특정장소에서 활동하는 살인범과 지리적으로 이동하는 살인범으로 구분한다. 특정 장소에서 범행하는 살인범은 오직 한곳에서만 살인하며, 피해자를 납치하는 장소와 시체를 유기하는 장소가 다를 경우 시체를 유기하는 장소가 범인의 거주지와 가까운 경우가 많다고 한다.[8]

김 양의 시체는 용두산공원에서, 배 군의 시체는 서구 남부민동의 야적장에서 발견되었다. 이런 추정에 따르면 범인은 지리적으로 가까운 남부민동과 용두산공원 부근에 사는 자일 것이다. 참고로 범죄가 발생한 장소 등의 공간 데이터를 분석해서 용의자를 선별하는 것을 '지리적 프로파일링(geographic profiling)'이라 부른다. 국내에서는 이 분석 시스템을 2009년부터 개발해서 운영하고 있으므로 당시로서는 이런 시스템이 도입되기 전이었다.

다중살인범과 달리 연쇄살인범은 피해자의 유형을 자신이 선택한다. 그리고 부산 어린이 연쇄살인범은 남녀 어린이들을 범행 대상으로 삼았다. 연쇄살인범은 이상적인 피해자의 상태를 계속 상상하면서 만들고, 실제로 살인을 실행할 때 자신이 상상한 이상에 가까운 사람을 대상으로 선택한다.

부산 어린이 연쇄살인범은 남녀 어린이들을 범행 대상으로 삼았고, 옷을 벗기는 등 아동들을 성적인 호기심의 대상으로 삼았다. 그리고 연쇄살인범은 어떻게 피해자에게 폭력을 행사하고 살해할지도 계획해서 실행한다. 부산 어린이 연쇄살인범은 피해 어린이들의 속옷을 찢어 손발을 묶고 살해한 뒤 시체에 낙서를 남겼다. 그러므로 범인은 아동에 대해 도착증적 호기심을 갖는 자일 것이다.

이처럼 연쇄살인은 피해자를 물색하고 유괴하고 살해하여 시체를 유기하는 단계를 거친다. 그리고 피해자의 시체를 전시하는 경우는 자신의 범죄 경력을 광고하고자 하는 의도가 숨겨져 있다고 한다. 이 사건에서 범인은 피자들을 유괴하고 살인한 뒤 시체를 유기하였고, 나아가 피해자들의 시체에 낙서를 남겨 자신의 범죄 경력을 광고했다.

이런 추정을 토대로 보면 범인은 부산 용두산공원이나 남부민동에 가까운 곳에 거주하는 자이며, 아동에 대해 성적 호기심을 가진 성도착증 환자이거나, 성폭력 전력이 있는 자이다. 이후 유사한 범행이 발견되지 않은 것으로 보아 범인은 거주지를 다른 곳으로 옮겼을 가능성이 크다. 다만 범인이 체포되지 않아 범행의 전모가 밝혀지지 않았으므로 이 사건의 범인이 연쇄살인범이라고 단정지을 수는 없다.

아쉬운 점은, 범행 직후 신속한 초동수사가 이루어지고, 범인이 남긴 흔적인 모발, 섬유 등의 DNA(다만 당시 수준으로는 DNA 분석이 어려웠을 것이다)나 지문, 혈흔 등을 채취하여 분석하고, 객관적인 분석을 통해 좀 더 과학적인 수사가 이루어졌더

부산 어린이 연쇄살인 사건, 유사 사건 발생지와 시체유기 장소

출처: 네이버지도

라면 하는 점이다. 그랬더라면 범인을 검거하기가 훨씬 수월하
거나, 적어도 유사 범행을 막는 데 도움이 되었을 것이다.

소아기호증 범죄자

　　사춘기 이전인 13세 이하의 아이들에 대해 성적 흥분을 느끼며, 아동을 대상으로 가학성 변태성욕을 표출하는 것을 '소아기호증(pedophilia)'이라 부른다. 소아기호증은 성도착증의 일종으로, 방어능력이 없는 어린이를 대상으로 삼기에 순간적으로 범죄 행위로 돌변하기 쉽다. 이러한 범죄의 재범률은 50%로, 다른 범죄의 재범률보다 10% 정도 더 높다(오윤성, 범죄, 그 심리를 말하다, 박영사, 302쪽).

　　과거 어린이 유괴 사건의 경우, 금품을 노리는 경우가 많았으나, 최근에 발생하는 사건에서는 개인적으로 원한 관계가 없는 불특정 다수를 상대로 범죄를 저지르는 경우가 많다. 범행의 대상은 범죄자 자신의 친자식, 친척, 주위에 있는 아동들이다.

　　이들은 아동을 위협하거나, 음식을 같이 먹는 등 자연스럽게 접근하거나, 아동의 부모에게 신뢰를 얻는 등의 방법으로 아동에게 접근한다. 또 이들은 평균 이상의 지능과 사회적 관계를 유지하여 범행이 잘 발견되지 않으므로 체포될 때까지 범행을 계속할 가능성이 크다. 이러한 범죄자의 치료와 범죄 예방을 위해 우리나라에서는 신상공개제도, 전자발찌제도, 치료감호제도를 시행 중에 있으며, 일부 나라에서는 화학적 거세라는 제도도 시행하고 있다.

악마의 유혹
김대두 연쇄살인 사건

　　　　범죄학자들은 살인의 유형에서 연쇄살인과 대량살인을 구분한다. 연쇄살인은 세 곳 이상의 장소에서 3명 이상의 사람을 죽이는 것을 말한다. 반면 대량살인은 같은 시각에 같은 장소에서 여러 명을 죽이는 것을 가리킨다. 그러면 두 곳에서 2명을 죽이는 경우는 연쇄살인이 아닐까? 여기에 대해서는 의견이 나뉜다. 그러나 대부분의 범죄학자들은 피해자가 3명 이상이 되어야 연쇄살인으로 본다.

　　　그 이유는 연쇄살인은 살인과 살인 사이에 잠복기를 거치는 등 일정한 패턴을 보이는데, 2명으로 볼 때는 이런 패턴을 파악하기 어렵기 때문이다. 그리고 연쇄살인은 서로 다른 장소에서 계속해서 일어나는 살인인 연속살인과 구별된다. 연속살인에서는 연쇄살인에서 보이는 잠복기가 없다는 점에서 연속살인은 연쇄살인과 차이가 있다. 그렇다면 대한민국 최초의 연쇄살인범은 누구일까? 일제강점기 때 연쇄적으로 살해한 이관규가 있었지만, 해방 이후의 첫 번째 연쇄살인범은 1975년, 17명의 목숨을 앗아간 김대두다.

1975년 10월 8일 오전 8시 30분, 20대 중반의 청년이 서울 동대문구 전농동에 있는 세탁소에 찾아와서 블루진 상하의를 세탁해 달라고 했다. 세탁소 주인은 "입은 옷을 세탁하면 뭘 입고 다니냐?"고 물었다. 청년은 "날씨가 추워 몸에 옷을 한 벌 더 입었다"며 옷을 벗었다. 그리고 "친구와 싸우다 코피를 흘려 피가 묻었다"고 말했다.

그런데 옷을 살펴보자 코피를 흘렸다기엔 바지에 피가 묻어 있었고, 그리 춥지도 않은데도 바지를 두 겹으로 껴입었다는 것이 수상했다. 주인은 가까운 역전지구대로 달려가서 신고하였다. 신고를 접수한 청량리경찰서 소속 수사관은 세탁소에서 잠복했다. 그날 오후 2시에 세탁물을 찾으러 온다는 청년은 오후 4시가 되어서 나타났다.

수사관이 청년에게 "왜 피를 흘렸냐?"고 묻자 청년은 "사촌 누나의 동창과 싸웠다"고 말했다. 수사관은 청년을 앞세워 미아리에 있는 사촌 누나의 집을 찾아갔으나 청년의 사촌 누나는 "동생은 싸우지 않았다"고 말했다. 그러자 청년은 미아리 뒷골목에서 동네 불량배에게 맞았다고 말했다. 수사관은 청년을 데리고 미아리 일대를 뒤졌지만 목격자나 폭행당했다는 증거가 나타나지 않았다.

날이 어두워지고 수사관과 실랑이를 하던 청년은 "어제 저녁부터 세 끼를 굶었다. 배가 고프다"고 말했다. 그 말을 들은 수사관은 청년을 데리고 중국집에 가서 탕수육을 사주었다. 식사를 마치고 담배를 피우던 청년은 대뜸 "형님, 사실은 한 놈을 깠습니다" 하고 털어놓았다. 수사관은 깜짝 놀라 청년을 경찰서로 연행하였다. 청년의 이름은 김대두였다.

그곳에서 김대두는 자신의 범행을 털어놓기 시작했다. 김대두는 전날 교도소에서 갓 출소한 청년에게 접근해서 같이 범행하자고 제의했다. 그러나 그 청년이 자신의 물건을 훔쳐 달아났고 그래서 그 청년을 살해한 후, 피범벅이던 그의 청바지를 벗겨 자신의 청바지 위에 겹쳐 입었으며, 이후 그 청바지를 세탁소에 맡겼다고 진술하였다. 그런데 김대두의 인상착의가 경기도 일대에서 벌어진 연쇄살인범의 몽타주와 비슷했다. 그래서 사건은 서울지방경찰청 강력계로 넘어갔고, 김대두는 나머지 범행도 자백하기 시작했다.[9]

김대두는 가난한 농부의 3남 4녀 중 장남으로 태어났다. 부모는 초등학교를 마친 그를 대도시에 있는 중학교로 보내려 했지만, 그는 시험에 떨어졌다. 도시 생활을 하던 김대두는 어떻게든 큰 돈을 벌어 보겠다고 마음을 먹었지만 초등학교만 졸업한 학력에 160cm 정도 되는 키와 작은 체격을 가진 그에게 사회의 벽은 의외로 높았다. 결국 무력감에 빠진 김대두는 범죄에 빠져 폭력 전과 2범이 되었고, 공장을 전전하며 일했지만 전과자란 낙인으로 인해 사회에 대한 불만이 쌓여 갔다.

외딴집連續殺人犯검거

어제청량리서 세탁소「피묻은 청바지」申告로

"외딴집 연속살인범검거", 동아일보(1975.10.9).[10]

김대두의 살인 행각은 1975년 8월 15일 전남 광산군 임곡면 고룡리에 있는 한 외딴섬에서 시작되었다. 김대두는 이날 밤 자정 무렵, 잠을 자고 있던 노부부의 집에 잠입한 뒤, 다음 날 새벽 3시에 안방으로 숨어들어 할아버지를 살해하고, 할머니에게 상해를 입혔다. 첫 범행 뒤 목포로 간 김대두는 순천행 기차를 탔다. 여기에서 우연히 수원교도소에서 같이 수감생활을 한 김 모(남, 당시 29세)를 만났다. 두 사람은 무안군 몽탄역에서 내려 철길을 따라가며 범행 장소를 물색했다. 그들은 9월 7일 새벽에 몽탄면 당호리에 있는 박 씨(남, 당시 55세)의 집에 침입해서 돈을 요구했고, 거절당하자 박 씨와 부인 서 씨(여, 당시 56세)를 살해했다. 두 사람은 이왕 죄를 지을 바에는 돈이 많은 서울에서 하자며 서울행 기차를 탔다. 그러나 서울역에 도착한 후 두 사람은 헤어졌고, 이후 범행은 김대두 단독으로 이뤄졌다.

김대두는 9월 11일, 서울 면목동 용마산 중턱에서 최 씨(남, 당시 60세)를 살해하였으며, 이후 10월 7일 밤 서울 구이동에서 이 씨를 살해하기까지 순천·서울·양주·시흥·수원 등지에서 17명을 살해했다. 김대두가 서울·전라도·경기도 일대를 휩쓸며 살인 행각을 벌이는 두 달 동안 전국은 공포에 휩싸였다. 그도 그럴 것이 김대두는 주로 외딴집이나 노약자, 어린이들을 범행의 대상으로 삼았기 때문이다. 그러나 이들 피해자로부터 빼앗은 돈은 26,800원에 불과했다.[11] 반면 신고한 세탁소 주인은 포상금으로 100만 원을 받았다고 한다.

"사회구조에서 일탈된 외토리", 동아일보(1975.11.15).

김대두에 대한 재판은 서울지방법원에서 열렸다. 1975년 11월 17일, 검사는 피고인 김대두와 공범 김 모에 대해 강도살인죄 등을 적용해서 사형을 구형했다. 국선변호인은 사형제도 폐지론의 시류에 따라 무기형을 선고해 달라고 변론했다. 그러나 1심법원은 두 피고인에게 모두 사형을 선고했다.[12]

피고인들은 모두 항소했고, 2심재판은 서울고등법원에서 열렸다. 2심법원은 김대두에게는 1심판결대로 사형을 선고했고, 공범인 김 모에 대해서는 범행에 소극적으로 가담했다는 이유로 무기징역형으로 감형했다. 변호인에 의하면 김대두가 항소한 것은 공범을 살리기 위함이었다고 한다. 공범에 대해 무기징역형이 선고되자 김대두는 상고를 포기했다. 그리고 곧 사형이 집행되었다. 사형이 집행되던 날 김대두는 교화위원(수형자의 교화를 위해 일하는 위원)을 통해 유언을 남겼다.

"부탁드리고 싶은 것은 사회의 전과자들을 좀 더 따뜻이 대해 주셔서 갱생의 길을 넓게 열어 주시기 바랍니다. 어두운 그늘에 있었던 이들이기에 그들의 꿈은 더욱 간절하고 누구보다도 크다는 사실을 알아주시기 바랍니다. 교도소에서 전과자를 분리수용하여 죄를 배워 나가는 일이 없도록 하여 주십시오."

김대두는 한국전쟁 중에 태어나고 자라나서인지 키가 왜소하고 마른 체격의 소유자였다. 몸이 허약하고 발달장애가 있어서 15살이 되어서 겨우 초등학교를 마쳤으며, 중학교도 진학하지 못했다. 자원해서 입대하려 했지만 허약체질로 인해 징병검사에서 떨어져서 입대하지 못했다. 부모와도 불화를 겪다가 가출해서 광주와 목포, 서울에서 봉제공, 목공, 공장 근로자로 전전했다. 그리고 사소한 시비로 폭력 전과자가 되어 2차례나 교도소에 수감되었다. 결국 이러한 요인들이 사회에 대한 반감을 키워 온 것으로 볼 수 있다.

　김대두가 저지른 범죄는 무분별하고 무자비하다는 특징을 보여 준다. 범행의 대상을 삼을 때 어떤 계층을 표적으로 삼는다든지 하는 일정한 기준이 없었다. 그는 노인이나 여성, 어린이를 가리지 않고 마구 살해했으며, 살해할 때에는 흉기로 마구 찌르거나 때리고, 피해자를 나무에 매달아 묶는 등 극도의 잔혹함을 드러냈다. 범죄학자들은 범죄의 원인을 분석함에 있어 범죄자의 생물학적·심리적인 특징을 분석한다. 뇌기능에 장애가 있는지, 인지능력에 문제가 있는지, 반사회적 성격의 소유자인지 등을 살핀다.

　그러나 김대두가 반사회적 인격장애자(사이코패스)인지는 불분명하다. 재판 때 정신감정을 하지 않았기 때문이다. 도덕과 지적 발달이론을 범죄학 이론에 접목한 장 피아제(Jean Piaget, 1896~1980)에 의하면 사람의 사고는 태어날 때부터 시작해서 12살 이상에 이를 때까지 계속해서 규칙적으로 발달한다고 가정했다. 또한 로런스 콜버그(Lawrence Kollberg)는 사람이란 힘에 굴복하는 단계에서 스스로를 책임지고 다른 사람을 배려하며, 사회규칙을 따르고, 고차원적인 윤리 규범에 대한 의무를 따르는 발달 단계에 이른다고 분석했다.

이러한 분석 이론에 따르면 김대두는 여러 요인으로 인해 도덕과 지적인 능력에 있어 힘에 복종하는 기초적인 단계에 머물렀다고 볼 수 있다. 김대두는 수감된 뒤 교화위원의 선도로 자신의 죄를 참회하고, 기독교 세례도 받았다. 이런 측면을 고려한다면 김대두는 수감된 뒤 뒤늦게 자신의 도덕 수준을 한 단계 끌어올렸다고 볼 수 있다.

최근 개봉된 김봉화 감독의 영화 《보통사람》에서는 이러한 보편적인 시각과 다른 시각으로 김대두 사건을 바라보고 있다. 영화의 모티브는 잘 알려진 대로 1975년에 발생한 이 사건이다. 영화에서는 강력계 형사가 다른 살인 사건과 엮어 연쇄살인 사건으로 조작하라는 지시를 받는 장면이 나온다.

김봉화 감독은 영화 시나리오를 만들기 전에 이 사건을 심층분석했고, 김대두를 자주 면회한 사람과도 만났다. 그런데 김대두가 구속된 후 보내온 편지는 초등학교를 겨우 마친 사람이 썼다고 보기에는 너무 논리적이고 지적이었다고 한다. 또 왜소한 체격의 김대두가 30, 40대 부부를 살해하는 것이 과연 가능한지에 대해 의문이 들었다고 한다. 그리고 김대두가 검거된 직후 언론에서 17건의 범죄가 모두 김대두에 의해 저질러졌다고 보도된 점에 대해서도 의구심이 든다고 했다.

이런 여러 사정을 감안할 때 우이동 살인 사건 하나만 김대두가 저지른 게 아닌가 하는 생각이 들었고, 김대두가 사법피해자일 수도 있다고 생각했다고 한다. 감독은 보통사람이 체제를 이길 수 없다는 생각이 이 영화를 만든 계기였다고 한다.[13] 그러나 이런 의문을 확인할 길은 없다. 그리고 김대두가 이미 사망하였으므로 재심을 청구할 수도 없다. 그렇지만 이러한 의문이 합리적 의심이라면 당시 수사를 담당했던 조사관의 얘기를 들어보는 등의 방법으로라도 검증해 볼 여지는 있어 보인다.

3장

격동의 시대

1980년대는 〈격동의 시대〉라 불린다. 이 시기에는 정치와 경제, 사회에 있어 격변이 있었다. 이들 사건은 개인과 개인, 사회 사이의 갈등이라는 전형적인 살인의 양상을 띠고 있다. 갈등이 표면으로 부상한 것이다.

1980년대는 '격동의 시대'라 불린다. 이 시기에는 정치와 경제, 사회에 있어 많은 격변이 있었다. 먼저 정치적으로는 1980년 5월 18일 광주에서 민주화 운동이 일어났고, 5.17 내란으로 집권한 제5공화국이 시작하였다. 1981년 전두환 대통령이 대통령 선거에 당선되었으며, 이어 치열한 민주화 운동이 벌어졌다. 1987년 6월, 4.13 호헌조치(후임 대통령이 개헌요구를 전면 부정한 특별선언)와 박종철 고문치사 사건, 이한열이 시위 도중 최루탄에 맞아 사망한 사건이 도화선이 되어 6월 민주항쟁이 일어났다. 이에 따라 6월 29일, 민주정의당 후보인 노태우가 직선제 개헌요구를 받아들여 선언을 발표했고, 1988년에 노태우 정부가 출범하였다.

사회적으로는 1986년에 서울 아시안 게임을 개최하였고, 1988년에는 제24회 서울 하계 올림픽을 개최하여 한국인의 자부심이 커지기 시작했다. 경제적으로는 경제 호황이 이어지면서 경제 성장과 수출 증가가 이루어졌고, 중산층이 성장하기 시작하였다. 이러한 가운데 1980년, 중학교 1학년이던 이윤상 군이 학교 교사에 의해 유괴되어 살해된 사건과 1982년, 우범곤이 마을 주민들을 총기로 난사한 사건이 발생했다. 그리고 1986년부터 1988년 사이에 김선자가 연쇄살인을 일으켰고, 1986년부터 1991년 사이에 화성과 수원 일대에서는 연쇄 성폭행 살인 사건이 발생하였으나 범인은 끝내 체포되지 않았다.

　이들 사건은 개인과 개인, 개인과 사회 사이의 갈등이라는 전형적인 살인의 양상을 띠고 있다. 그리고 범죄학자들이 분류하는 살인의 형태 중 유괴살인(이윤상 군 사건), 대량살인(우범곤 총기난사 사건), 연쇄살인(김선자 사건, 화성 연쇄살인 사건)이라는 형태가 나타난다. 사회가 민주화되고, 경제 성장이 거듭되면서 그동안 수면 아래에 잠재되어 있던 개인과 개인 사이의 갈등과 개인과 사회 사이의 갈등이 표면으로 부상한 것이라 볼 수 있다.

돌아오지 못한 소년
이윤상 유괴살인 사건

_____1980년 11월 13일 오후 4시, 경서중학교 1학년에 다니던 이윤상 군(당시 14세)은 학교 체육교사인 주영형과 상담하러 간다고 집을 나간 뒤 유괴되었다. 당시 서울 마포구 공덕동에 살던 이 군은 3살 때 소아마비를 앓아 왼쪽 다리를 저는 불편한 몸이었다. 그날 밤 8시부터 12시까지 범인으로부터 4차례 전화가 걸려 왔다. 남자 목소리로 "당신 아들을 수원에 감금했다. 우리는 전과자들로 4명이다. 일본으로 밀항하려는 데 돈이 필요하다. 현금 4천만 원을 준비하라. 경찰에 신고하면 당신 아들을 죽이겠다"고 협박했다.

밤 11시에는 여자의 목소리로 "나는 당신 때문에 망한 사람 중의 하나이다. 윤상이는 수원에 감금되어 있다. 현금 4천만 원을 준비하라"라는 전화가 걸려 왔다. 윤상 군의 아버지는 "불경기에 4천만 원은 준비할 수 없고, 2천만 원은 준비할 수 있다"고 대답했다. 그러자 여자는 "내일 12시에 전화하겠으니 그때 시키는 대로 해라" 하고 협박했다.

다음 날인 11월 14일, 윤상 군의 아버지는 경찰에 윤상 군이 유괴된 사실을 신고했다. 경찰은 윤상 군의 집 전화에 녹음장치를 달고 경찰관 2명이 잠복해서 전화를 감청했다. 16일 오후, 범인들은 '이분들이 시키는 대로 하지 않으면 나는 죽어요'라고 녹음된 윤상 군의 목소리를 들려 주었다.

범인들은 4천만 원을 요구했고, 윤상 군의 누나가 2천만 원을 준비해서 약속장소로 갔지만 범인들은 나타나지 않았다. 이후 범인들은 편지와 전화로 협박했다. 2일자 편지에서는 윤상 군이 교통사고를 당했으나 아직 살아 있다고 전했다. 전화의 목소리는 남자와 여자의 목소리였고, 편지의 필적도 남자와 여자의 것이라 경찰은 3~4명이 범행에 가담한 것으로 추정했다.

경찰은 윤상 군의 신변안전을 위해 비밀수사를 했었다. 그러나 윤상 군이 유괴된 지 오래되고, 미제사건화됨에 따라 1981년 2월 26일 공개수사로 전환했다. 당시 정부는 '범죄와의 전쟁'을 선포한 터였고, 전두환 대통령은 제5공화국 출범일인 3월 3일까지 자수하면 관용을 베풀겠다고 담화를 발표했다. 그리고 "살려 보내면 너도 살고, 죽여 보내면 너도 죽는다"는 말을 남겼다. 그러나 범인은 끝내 나타나지 않았다.

처음에 경찰은 사건 당일 윤상 군을 불러냈던 체육교사 주영형을 의심했다. 그러나 그는 교사인 데다 서울대학교 출신에 고려대학교 대학원 과정을 마친 엘리트였으며, 외모도 준수했다. 더구나 그가 사전에 범죄를 계획한 터라 그럴듯한 알리바이를 제시하자 경찰은 그 말을 믿었다. 그런데 1981년 11월, 주영형이 여자중학교에 근무할 때 과외지원을 빌미로 여학생 20여 명을 성폭행한 사실이 드러나면서 경찰은 주영형을 주목했다. 윤상 군이 그날 "선생님이 어머니에게 얘기하지 말고 나오라고 했다"는 윤상 군 어머니의 진술도 보태졌다. 그리고 폴리그래프 검사('거짓말탐지기 검사'로 알려져 있다)를 하니 주영형이 거짓말했다는 검사 결과가 나왔다. 그러자 11월 29일, 주영형은 범행을 자백하기에 이른다(폴리그래프가 과학의 틀을 갖고 수사에 적극적으로 이용된 것은 1980년대 이후이다. 이 사건에서 폴리그래프는 범인 주영형이 자백하는 데 결정적으로 역할했다).[1]

그런데 놀라운 것은 그가 당시 근무하던 중학교의 여학생 두 명이 공범으로 가담했다는 사실이다. 뿐만 아니라 그는 부인과 두 자녀도 둔 유부남이었으며, 다른 여제자와도 성관계를 맺고 있는 것으로 드러났다. 주영형은 불륜과 도박에 빠져 천만 원의 빚을 지게 되었고, 그 빚을 갚기 위해 두 제자와 함께 범행하기로 계획했다고 털어놓았다. 당시에 천만 원이란 큰 돈이었다. 주영형은 도박으로 빚 독촉에 시달리자 처음에는 윤상 군의 누나를 유괴하려 했으나 실패했고, 그러자 대신 윤상 군을 유괴하였다. 이 과정에서 여자중학교에 재직할 때부터 불륜 관계에 있던 여자 고등학생 2명을 범행에 가담시킨 것이다.

주영형은 윤상 군을 유괴한 다음 날인 11월 14일, 서울 영등포구에 있는 한 아파트에서 윤상 군이 소리를 지르자 노끈으로 손발을 묶고 반창고로 입을 틀어막은 다음, 이불을 뒤집어 씌웠다. 그런데 그다음 날 확인해 보니 윤상 군이 숨져 있었다고 진술했다. 이후 주영형은 시체를 여행용 가방에 넣어 북한강변에 암매장했다.

潤相군은 체육敎師가 誘拐 殺害

"윤상군은 체육교사가 유괴 살해", 경향신문(1981.11.30).

주영형은 11월 16일 12시, 아지트로 삼은 아파트에서 공범인 이 모(여)로 하여금 자기가 부르는 대로 윤상 군의 아버지에게 발신인 미상의 편지를 쓰게 했다고 진술했다. 그 편지에서 주영형은 "윤상이는 잘 있다. 경찰에 신고하지 않는다면 죽이지 않겠다. 80년 11월 20일 하오 7시까지 종로2가 고려당 빵집으로 가방을 보내라"고 협박했다. 그리고 공범 이 모로 하여금 수원역 앞에 있는 우체통에 넣게 하는 등, 4월 6일까지 윤상 군의 집으로 6차례 걸쳐 협박편지를 보내고, 62차례에 걸쳐 전화로 협박하여 금품을 요구했다.

주영형은 유괴살인으로, 나머지 두 여학생은 협박편지를 작성하는 데 가담한 혐의로 기소되었다. 그리고 주영형에게는 사형이, 두 공범에게는 징역형과 집행유예가 선고되었다. 주영형에 대한 사형은 상고심에서도 그대로 확정되었다. 주영형에 대한 사형집행은 이례적으로 신속하게 이루어졌다. 주영형은 사형이 집행되기 전인 1983년 4월 3일, 교도소 내에 있는 교회에서 세례를 받았다. 그는 "교육자로서 사회에 물의를 일으켜 죄송하다. 신앙의 길로 인도해 준 하나님께 감사하다"는 말과 함께 "부모님께 죄송하다"는 말을 남기고 교수대에 올랐다. 사형집행 때 그는 사형수로서는 놀라우리만큼 평온한 표정을 지었으며, 자신의 안구와 콩팥을 기증했다.

주영형이 사형집행 때 보인 평온함은 이후 많은 이야기를 남겼다. 이청준 작가는 이를 모티브로 해서 『벌레이야기』를 썼다. 책 서문에서 이청준 작가는 "작품을 쓰기 얼마 전 서울의 한 동네에서 어린이 유괴살해 사건이 있었다. 범인은 결국 붙잡히고, 재판을 거쳐 사형수로 집행을 기다리는 신세가 됐지만, 아이를 잃은 부모의 슬픔과 고통은 이를 바 없는 일이었다. 그런데 범인이 형 집행 전 마지막 남긴 말이 '나는 하나님의 품에 안겨 평화로운 마음으로 떠나가며, 그 자비가 희생자와 가족에게도 베풀어지기를 빌겠다'는 요지였다. 기억이 정확하지 않지만, 내게는 그 말이 그렇게 들렸고, 그것은 내게 그 참혹한 사건보다 더 충격이었다"라고 적었다. 이창동 감독은 20여 쪽에 불과한 짧은 이 책에서 영감을 받고 풍부한 상상력으로 살을 입혀 《밀양》이란 영화를 제작했다. '신과 인간', '구원과 용서'라는 모티브는 시간과 공간을 넘은 울림이 되었고, 영화의 주인공 전도연은 칸 영화제에서 여우주연상을 받았다.[2]

1981년 12월 1일자 동아일보 사설에서는 이 사건에 대해 이렇게 적고 있다.

> "차마 하늘을 쳐다볼 수 없는 것은 교사들만이 아니다. 우리 모두 하늘을 쳐다볼 수 없다 … 경찰은 수사의 '해결'이라고 말하지만, 그것은 '미해결'보다 오히려 괴로운 해결의 종장이었다."[3]

무엇이 그처럼 부끄럽고 괴롭게 만들었을까? '제자를 죽인 스승'이 범죄를 자백했기 때문이었다. 윤상 군은 소아마비가 있었지만 늘 명랑하였다고 한다. 그러나 그 명랑함도 소년도 다시는 돌아오지 못했다. 윤상 군은 이런 동시를 남겼다.

지우개

연필 끝에는
지우개가 달려 있다
연필이 잘못 쓰면
지우개가 지워 주고

누구나 실수는 있는 게지
알고도 틀리게 쓰는
연필처럼 말이야

우리들 마음에도
지우개를 달자
잘못된 생각을 지워 버리게[4]

범죄학자들은 살인범의 동기를 두 가지로 분류한다. 하나는 '도구적 동기'로, 돈이나 대가를 바라고 행해지는 경우이다. 다른 하나는 '표출적 동기'로, 화나 욕구불만 등 계획적이지 않은 동기로 살인에 이른 경우이다. 두 가지를 구분하는 기준은 다음과 같다. 구체적인 범죄 목적이 있고, 그 목적을 이루기 위해 살인이라는 수단을 동원하고, 돈이나 성욕 충족 등의 대가를 챙길 것으로 기대해서 저지른 살인은 '도구적 동기'로 인한 살인으로 본다.

　　예를 들어 대구 지하철 살인 사건의 경우, 범인은 사회에 대해 불만을 품고 지하철에 방화했는데, 이를 통해 얻으려는 구체적인 대가가 없었으므로 '표출적 동기'로 인한 살인으로 본다. 두 가지를 구분하는 실익은 무엇일까? 형사정책적으로 볼 때 화나 분노, 욕구불만으로 일어나는 표출적 동기의 살인보다 뚜렷하고 구체적인 목적을 지니고 행하는 도구적 동기에 의한 살인을 억제하는 것이 더 쉽기 때문이다(그리고 우리들은 도구적인 동기에 따라 살인을 저지르는 경우 더 분노한다).

　　이러한 분류에 따르면 이윤상 유괴살인 사건은 돈을 얻기 위한 도구적 동기로 인해 생긴 살인 사건이다. 이런 경우 살인범을 엄히 처벌하여 일반 시민들에게는 경각심을 심어 주고, 살인범 자신에게도 회개와 반성의 기회를 갖게 하자는 것이다.

공포의 광란
우범곤 총기난사 사건

     우범곤은 부산에서 경찰관의 네 아들 중 셋째로 태어났다. 평범한 어린 시절을 보냈으나 고등학교 3학년 때 아버지가 사망하자 가세가 기울었고, 성격도 비뚤어지기 시작했다고 한다. 우범곤은 해병대에서 군복무를 마치고 경찰관이 되어 부산에서 초임 근무를 시작했다. 이후 101경비단에 선발되어 청와대에서 경호원으로 근무하기도 했다.

     그러나 주벽이 심하고 성격이 난폭해 8개월 만인 1981년 12월, 경상남도 의령군의 궁류지서로 좌천되었다. 궁류지서로 전출된 뒤에도 술만 마시면 행패가 심했다고 한다. 우범곤은 궁류지서로 전근와서 하숙집에 기거하던 중 이웃집에 살던 전 씨와 사귀었고, 3월 초부터 그녀의 집에서 동거를 시작했다.

1982년 4월 26일, 우범곤은 저녁 근무를 위해 낮 12시쯤에 집으로 와서 점심을 먹고 낮잠을 잤다. 잠든 와중에 전 씨가 그의 몸에 붙은 파리를 잡기 위해 손바닥으로 그의 가슴을 내리쳤다. 화들짝 잠에서 깨어난 우범곤은 "못난 나를 모욕하려고 했다"며 전 씨와 말다툼을 했다.

화를 다 삭이지 못한 채 그날 오후 4시 지서로 간 뒤, 저녁 7시 반쯤 술에 취해서 집으로 돌아왔다. 그는 거의 만취한 상태에서 전 씨를 코피가 날 때까지 때렸고, 전 씨의 친척 언니가 달려와 말리자 그녀의 뺨도 때렸다. 소란스러운 소리에 동네사람들이 몰려들었고, 사연을 들은 사람들이 전 씨를 두둔하자 우범곤은 다시 집을 나왔다.

지서 부근에서 방위병들과 소주를 마시던 우범곤은 전 씨의 남동생이 와서 "경찰이면 다냐"고 소리를 지르자 감정이 폭발해서 카빈총을 장전했다. 방위병들이 만류하자 방위병들을 향해 총을 쏘아 내쫓은 뒤 예비군 무기고에 보관되어 있던 M1 카빈소총(소형 군용 소총) 2자루, 실탄 180발, 수류탄 7개를 탈취했다.

밤 9시 40분, 지서를 나온 우범곤은 마침 앞을 지나던 남자에게 총을 쏜 것을 시작으로 토곡리 재래시장으로 달려가

총을 난사하여 장을 보러 온 마을 주민 3명을 살해했다. 그리고 밤 9시 45분에는 마을의 통신을 차단하기 위해 궁류우체국으로 가서 교환원 여성 2명과 숙직 중이던 집배원 1명을 살해하였다. 그러나 교환원이 숨지기 직전, 마을 이장 집의 전화와 의령우체국 간 코드를 연결하여 주민 신고가 가능했다.

우범곤은 밤 10시에 압곡리 매실부락으로 가서 10여 분 동안 총기를 마구 쏘아 주민 6명을 살해했다. 밤 10시 10분에는 운계리 시장으로 달려가 주민 7명을 살해했고 밤 10시 50분에는 상갓집에 난입하여 "비상이 걸렸다"고 말하고는 문상객과 어울려 10여 분 동안 함께 술을 마신 뒤 갑자기 총을 난사하여 12명을 살해하였다. 이후 불이 켜진 집을 찾아다니며 총을 난사하여 무려 23명을 살해했다.

이처럼 우범곤의 만행은 8시간 동안 계속됐다. 마을을 빠져 나간 주민의 신고로 사건을 접수한 의령경찰서는 뒤늦게 우범곤을 사살하라는 명령을 내리고 기동대를 출동시켰지만, 그는 자취를 감추었다.[5] 다음 날인 27일 새벽 5시 35분, 우범곤은 평촌리 마을에 다시 나타나 한 민가에 침입했다. 일가족 5명을 깨운 뒤 갖고 있던 수류탄 2발을 한꺼번에 터뜨렸고, 그 자리에서 자신을 포함해서 4명이 폭사했다. 이 사건으로 무려 62명의 주민이 사망했고, 33명의 부상자가 발생했다.

滿醉순경 亂射 73명慘死

"만취순경 난사 73명 참사", 경향신문(1982.4.27).

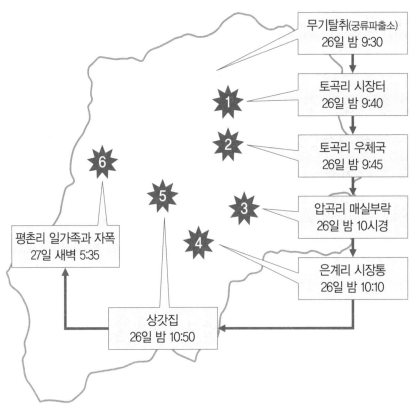

무기탈취(궁류파출소) 26일 밤 9:30	
①	토곡리 시장터 26일 밤 9:40
②	토곡리 우체국 26일 밤 9:45
③	압곡리 매실부락 26일 밤 10시경
④	은계리 시장통 26일 밤 10:10

⑥ 평촌리 일가족과 자폭 27일 새벽 5:35

⑤ 상갓집 26일 밤 10:50

우범곤은 1982년 4월 26일 밤 9시 반에 궁류파출소에서 총과 수류탄을 탈취한 뒤 궁류리 일대를 다니며 총기를 난사하였고, 새벽 5시 35분에 수류탄으로 자폭하였다.

당시 궁류지서의 경찰관들은 모두 근무지를 이탈하여 지서는 근무자 없이 텅 비어 있었다. 이로 인해 우범곤은 무기고에서 쉽게 무기를 탈취할 수 있었다. 그래서 사건이 발발하자 군·경·검 정부합동수사반은 최재윤 의령경찰서장 등 4명을 구속했다. 경찰은 범인인 우범곤의 수법이 너무 잔인해서 그의 뇌조직이 일반인과 어떻게 다른지 가려내려고 국립과학수사연구원에 시신을 보내 뇌세포 검사를 하도록 했다.

그러나 검사가 불가능하여 포기함으로써 사실 규명은 이루어지지 않았다.[6] 경찰은 이 사건을 평소 술버릇이 나빴던 우범곤이 내연녀와 말다툼을 벌인 뒤 흥분된 상태에서 우발적으로 저지른 것으로 결론지었다. 또 당시 정부합동수사단은 주벽이 심하고 성격이 난폭한 우범곤이 궁류지서로 사실상 유배되어 좌천되자 인사 불만으로 인해 범행을 저지른 것으로 결론을 내렸다. 한편 최재윤 의령경찰서장은 직무유기죄로 기소되었으나 법원은 주관적으로 직무를 버린다는 인식이 없고, 객관적으로는 직무 또는 직장을 벗어나는 행위가 없었다고 보고 무죄를 선고했다.

1999년, 조재현과 임하룡이 주연한 영화 《얼굴》은 이 사건을 모티브로 해서 제작되었다. 그러나 이 영화는 실제 사건과는 연관성이 없고, 순수했던 경찰관이 시골 마을에서 점차 스트레스를 받아 막판에 총기를 난사했다는 스토리만 사건과 비슷하다. 소설가 김경욱은 장편소설 『개와 늑대의 시간』에서 피해자의 입장에서 사건을 풀어내었다.[7]

우범곤 총기난사 사건은 연속살인 사건이자 대량살인 사건이다. 연쇄살인은 처음 살인한 이후 냉각기를 거치지만 연속살인은 냉각기 없이 연속적으로 살인을 저지르는 것이다. 우범곤 사건 이전에 발생한 대량살인 사건을 들자면 일본에서 발생한 쓰야마 사건(津山事件)을 들 수 있다. 1938년 5월 21일 일본 오카야마현 쓰야마시에서 일어난 이 사건에서 범인 도이 무쓰오는 31명을 살해하고 3명에게 중경상을 입혔다. 이 기록은 우범곤 사건으로 인해 갱신되었다. 우범곤이 세운 기록은 오랫동안 꺾이지 않았다. 그러다 2011년 7월 22일 노르웨이의 아네르스 베링 브레이비크(Anders Behring Breivik)가 테러와 총기난사를 하여 76명을 살해하면서 깨지게 되었다.

범인 브레이비크는 오슬로 정부청사에 폭탄테러를 일으켜 7명을 살해하였고, 우퇴위아섬에서 집회에 참가한 청소년들에게 총기를 난사하여 69명을 살해했다. 대량살인은 단 한 번의 통제할 수 없는 감정폭발에 의해 일어난다. 대량살인범은 개인이나 사회에 대한 증오, 그에 대한 응징을 목적으로 하거나 범죄를 은폐하기 위해서, 혹은 어떤 메시지를 전달하기 위해서 저지르는 경우가 많다. 우범곤은 사회에 대한 불만을 품고 단 한 번의 통제할 수 없는 감정폭발을 일으켜 총기를 난사했다는 점에서 대량살인의 전형을 보여 주고 있다.

흔적을 남긴 범죄

김선자 연쇄독살 사건

_____강력범죄의 피해자는 대부분 여성이다. 그렇다고 해서 여성이 늘 피해자의 지위에만 있는 것은 아니다. 여기서 소개할 사건이 여성도 강력범죄의 가해자가 될 수 있음을 잘 보여 준다.

1986년 10월 5일, 서울에서 열린 아시안 게임이 폐막했다. 한국은 이 대회에서 2위라는 큰 성과를 일궈 냈다. 그리고 서울 올림픽 대회도 2년 앞으로 성큼 다가와 온 나라는 축제 분위기에 젖어 있었다. 그러던 1986년 10월 31일, 김 씨(여, 당시 49세)가 서울 신당동 목욕탕 탈의실에서 가슴을 부여잡고 경련을 일으키며 거품을 물고 바닥에 쓰러졌다. 김 씨는 병원 응급실로 실려 갔지만 이미 숨진 뒤였다. 김선자가 건넨 쌍화탕을 마시고 난 뒤에 생긴 일이었다. 사인은 독극물인 청산가리(시안화칼륨, 0.15그램만으로도 사망에 이르게 한다) 중독이었다.

신고를 받고 출동한 경찰은 주변 인물을 중심으로 탐문조사를 했으나 이렇다 할 특이점이 발견되지 않았다. 가족들은 이웃에 사는 김선자(여, 당시 49세)가 함께 목욕하러 가자고 했고, 김 씨가 지니고 있던 진주 목걸이와 반지 4점이 없어진 게 이상하다고 말했다. 그러나 김선자는, 자신은 목걸이를 본 적도 없고 모르는 일이라며 완강히 부인했고, 증거도 나타나지 않았다. 그리고 이 사건은 당시 사회 분위기를 반영하여 언론의 관심을 끌지 못했다.

5개월이 지난 1987년 4월 4일 오전, 서울 용산역 부근을 지나던 버스 안에서 전 씨(여, 당시 50세)가 갑자기 경련을 일으키면서 바닥에 쓰러졌다. 가까운 병원 응급실에 도착했을 때 전 씨는 이미 숨진 상태였다. 사건 발생지를 관할하는 용산경찰서에서 수사했는데, 탐문조사를 해 보니 사망한 전 씨는 신당동 사건의 용의자였던 김선자와 같은 계원이라는 사실이 드러났다.

경찰은 유력한 용의자로 김선자를 지목했다. 이때부터 김선자는 경찰의 의심을 받게 된다. 그날 전 씨는 김선자가 "영등포 쪽으로 돈을 받으러 가는데 함께 가자"고 해서 동행하였고, 김선자가 건네준 음료수를 마신 후 배를 부여잡고 버스에서 쓰러진 것이다. 전 씨는 김선자에게 700만 원을 빌려주고 받지 못하고 있었던 것으로 드러났다. 그러나 심증뿐이었고, 증거는 찾지 못했다. 그리고 법의학에 대한 전문 지식이 없는 일반의사로서는 사망 원인이 독극물이라는 사실을 알아차리기 어려웠을 것이다.

그로부터 10개월이 지난 1988년 2월 10일 오후, 김선자는 이웃에 사는 김 씨(여, 당시 46세)를 찾아갔다. 김선자가 "오늘 불광동에 사는 사람에게 돈을 받으면 빌린 돈을 갚겠다"라고 말해서 두 사람은 약속 장소인 은평구 진관내동에 있는 한 다방에 갔다. 약속 시각이 한참 지나도 돈을 갚는다는 사람이 나타나지 않자 김 씨는 그만 가겠다고 일어섰고, 김선자가 건넨 율무차를 마신 후 집에 가려고 택시를 탔다.

김 씨는 택시 안에서 속이 울렁거려 견디기 힘들어했고, 이를 본 김선자는 "건강음료를 마시면 나을 거야"라며 택시를 세우고 내리자고 했다. 하지만 뭔가 미덥지 않은 터라 김 씨는 내리지 않고 곧장 집으로 갔다. 뒤쫓아 온 김선자가 안부를 물은 뒤 빌린 돈을 갚겠다며 선뜻 120만 원을 내놓았다. 김 씨는 빌린 돈을 갚겠다던 사람이 오지도 않았는데 돈을 갚는 것이

의아했지만 일단 돈을 받게 되어 만족했다. 김 씨는 김선자가 음료수에 독극물을 넣어 살해하려 했지만, 다행히 목숨을 구한 유일한 사람이 되었다.

그로부터 한 달 보름 후인 1988년 3월 27일, 친척 회갑 잔치에 다녀온 김선자의 부친 김종춘 씨(당시 73세)는 서울로 오는 시내버스 안에서 어지럼과 구토 증세를 보이다가 의식을 잃고 쓰러졌다. 딸 김선자가 준 건강음료를 마신 뒤 생긴 일이었다. 병원에 도착했을 때 김종춘 씨는 이미 숨져 있었다. 고령에다 여러 사람이 있는 곳에서 발생한 일이라 노인성 심장마비에 의해 병사한 것으로 처리되어 시신은 가족에게 인계되었다. 시신은 바로 화장된 후 안장되었다.

한 달이 지난 4월 29일, 김선자와 함께 시내버스를 타고 가던 김선자의 여동생 김춘자 씨(당시 43세)는 김선자가 건넨 건강음료를 마신 뒤 얼마되지 않아 바닥에 쓰러졌다. 옆에 서 있던 청년이 김 씨를 가까운 병원으로 업고 갔지만, 김춘자 씨는 결국 숨졌다. 그런데 병원에서 동생이 죽은 것을 확인한 김선자는 슬퍼하는 기색이 전혀 없었다.

오히려 동생의 핸드백을 들고 가서 현금과 다이아 반지 등의 귀금속을 훔쳤다. 김선자는 동생에게 1000만 원의 빚을 지고 있었고, 김춘자 씨 역시 심장마비에 의해 병사한 것으로 처리되었다. 아버지에 이어 김춘자 씨까지 의문의 죽임을 당하고 귀금속이 없어지자 가족들은 김선자에게 의문을 제기했다. 그러나 김선자는 화를 내면서 되받아쳤고, 그 일은 더 이상 문제시되지 않았다.

3개월 후인 7월 8일 오후, 김선자의 시누이 손시원 씨(당시 44세)는 '좋은 집을 싸게 사 주겠다'는 김선자의 제안을 받고 계약금으로 484만 원을 김선자에게 건넸다. 김선자는 미리 준비한 건강음료를 손시원 씨에게 내밀었다. 김선자와 헤어져 버스를 타고 가던 손 씨는 갑자기 의식을 잃고 쓰러졌다. 시신을 부검해 보니 독극물로 인한 중독사로 판명되었다. 손 씨의 행방을 조사하던 경찰은 마지막으로 만난 사람이 김선자라는 사실을 확인했다.

그리고 김선자 주변 인물들이 비슷한 방법으로 의문사를 당했다는 사실도 알아냈다. 법원으로부터 압수수색 영장을 받은 경찰은 김선자의 집을 수색하였는데, 피해자들에게 훔친 다이아몬드 반지, 수표 등이 나왔다. 그리고 사망한 피해자들의 돈이 입금된 은행 통장도 발견되었다. 또 우연하게도 화장실에서 밤알만 한 청산염 덩어리가 발견되었다.[8]

경찰은 김선자를 강도살인과 강도살인미수 혐의로 체포했으나 김선자는 '증거를 대라'며 완강하게 범행을 부인했다.

결국 사망한 자들의 시신을 다시 부검해야 했고, 화장한 시신을 제외한 시신에서 청산염 성분이 검출되었다. 김선자는 5명을 살해한 혐의로 재판을 받고 사형이 선고되었고 1997년 12월 30일 사형이 집행되었다.[9]

김선자 연쇄살인 일지

1986.10.31.	이웃사람 김 씨(49세) 살해.
1987.4.4.	계원 전 씨(50세) 살해.
1988.3.27.	부친 김종춘(73세) 살해.
1988.4.29.	여동생 김춘자(43세) 강도살인.
1988.7.8.	시누이 손시원(54세) 살해.

흔히 '청산가리'라 불리는 청산염(시안화칼륨)은 맹독성 물질로, 극소량만으로 생명을 앗아 갈 수 있다. 그러나 맹독류는 강한 만큼 증거도 오래 남는다. 김선자는 수사에 법과학이 도입된 후 최초로 검거된 여성 연쇄살인범이었다.[10]

김선자는 돈 때문에 가족까지 잔혹하게 살해했다. 그녀는 페인트공인 남편과 세 아들을 둔 평범한 가정주부였다. 그러나 수입에 걸맞지 않게 카바레에 자주 다니고, 도박을 일삼아 빚에 쪼들리게 되었다. 결국 빚에 시달리자 돈을 빼앗기로 하고 어렵게 청산가리도 구해 채권자를 살해해서 빚도 해결하고 금품도 빼앗았다.[11] 김선자는 범행의 표적으로 이웃, 계원에서부터 부친, 여동생, 시누이까지 가리지 않았다. 그리고 초기에 검거되지 않자 범행도 점차 대담해졌다. 당시 아시아 게임과 올림픽으로 인해 사건이 제대로 보도되지 않았는데, 언론 보도만 제대로 되었어도 검거는 물론이고, 피해가 확대되는 것을 막을 수 있었을지도 모른다.

마리 라파르즈 사건

마리 라파르즈(1819~?)는 늙은 남편과 원하지 않은 결혼을 했다는 이유로 결혼 1년 만에 남편을 비소로 독살한 프랑스의 여성 살인범이다. 그녀의 사건은 법의학사에서 최초로 독살 혐의를 과학적인 방법으로 입증한 사건으로 기록되고 있다. 그녀가 독약으로 쓴 비소는 당시에 쥐나 해충을 잡는 데 쓰이고 있어서 쉽게 구할 수 있었다. 범행 당시 그녀의 나이는 22살이었다.

비소를 먹은 남편이 쓰러지자 그녀는 자신이 만든 음식을 먹여 가며 남편을 극진히 간호했다. 그러나 실제 그녀가 남편에게 준 음식 속에는 비소가 들어 있었다. 당시 유명한 스페인 의사 마티유 오르필라가 법원의 요청으로 시신을 검시했다. 오르필라는 자신이 개발한 시험법을 이용해서 시신 속에서 비소 성분을 검출해 냈다.

결국 라파르즈는 재판에서 종신 노동형을 선고받았다. 살인범의 성별을 살펴보면 한국의 경우 살인범의 90%가 남성이다. 따라서 살인범의 다수는 남성이다. 그러나 경찰청의 분석에 의하면 독극물을 이용한 살인 사건에서는 여성이 남성보다 더 많다. 결국 남성에 비해 신체적으로 약한 여성이 택한 범행 수단이 독극물인 것이다.

연쇄살인의 추억
화성 연쇄살인 사건

1986년 9월 15일부터 1991년 4월 3일까지 화성과 수원 일대에서 발생한 미해결 성폭행 살인 사건을 묶어 '화성 연쇄 살인 사건'이라 부른다. 사건이 주로 화성에서 발생하였지만 수원에서도 발생했으므로 '화성'이라고 지역을 한정해서 부르는 것은 정확한 표현은 아니다. 10건의 사건(다음 사건 일지)은 한 사람의 범행으로 보이기도 하지만, 범행의 수법이나 증거로 보아 일부 사건은 다른 범인이 한 것일 수도 있다.[12]

1986년 9월 15일 새벽, 경기도 화성군 태안읍 안녕리에 있는 딸의 집에서 하룻밤을 지낸 이씨 할머니(당시 71세)는 집으로 돌아가려고 길을 나섰다. 그러나 할머니는 이후 며칠 동안

1차	1986년 9월 15일	태안읍 안녕리 풀밭	이 씨 (71세)	
2차	1986년 10월 20일	태안읍 진안리 농수로	박 씨 (25세)	
미수 사건	1986년 11월 30일	태안읍 정남리 논길	김 씨 (45세)	가까스로 도망쳐 화를 면함.
3차	1986년 12월 12일	태안읍 안녕리 축대	권 씨 (24세)	
4차	1986년 12월 14일	정남면 관항리 농수로	이 씨 (23세)	
5차	1987년 1월 10일	태안읍 황계리 논바닥	홍 양 (18세)	
6차	1987년 5월 2일	태안읍 진안리 야산	박 씨 (30세)	
7차	1988년 9월 7일	팔탄면 가재리 농수로	안 씨 (54세)	피해자 사체 발견 인근에서 버스에 탄 용의자를 버스기사와 안내원이 목격함.
8차	1988년 9월 16일	태안읍 진안리 주택	박 양 (13세)	모방범죄로 추정됨.
9차	1990년 11월 15일	태안읍 병점리 야산	김 양 (14세)	
10차	1991년 4월 3일	동탄면 반송리 야산	권 씨 (69세)	

소식이 없었다. 9월 19일 오후, 딸 집에서 멀지 않은 풀밭에서 할머니의 시신이 발견되었다. 하의는 모두 벗겨졌고, 다리는

포개져서 배 위에 올려져 있었으며, 목은 졸려 있었다(1차 사건).

1986년 10월 20일 밤, 화성군 송산리에서 맞선을 보고 집으로 돌아가려고 버스 정류장으로 가던 박 씨(여, 당시 25세)가 실종되었다. 그녀는 사흘 뒤인 23일 오후, 태안읍 진안리의 농수로 안에서 시체로 발견되었다. 부검해 보니 강간당한 것으로 나타났고, 가슴에는 드라이버와 같은 흉기에 찔린 상처가 있었다. 그리고 손으로 목을 졸라 살해한 것으로 드러났다. 사체 옆에서 발견된 담배꽁초와 빈 우유팩에서 나온 타액을 감정해 보니 범인의 혈액형은 B형이었다(2차 사건).

1986년 11월 30일 밤에는 집 주변 논길을 지나던 김 씨(여, 당시 45세)는 범인과 마주쳤다. 범인은 그녀의 손을 뒤로 묶었지만 그녀는 범인이 한눈을 판 사이에 도망쳐서 목숨을 구했다. 그녀는 범인이 25세에서 30세가량이고, 목소리는 낮았으며, 키는 160~170cm가량이라고 기억했다(미수 사건).

1986년 12월 12일 밤, 수원시 세류동 버스 정류장에서 제과점 일을 마치고 남편과 3시간 동안 데이트를 한 권 씨(여, 당시 26세)는 남편과 작별 인사를 하고 버스를 탔다. 그녀는 그로부터 131일 동안 행방불명 상태였다가 1987년 4월 23일, 집에서 50미터 떨어진 논둑에서 숨진 채 발견되었다. 입에는 거들과 스타킹이 물려 있었고, 목에는 스타킹이 감겨 있었으며,

얼굴에는 팬티가 씌워져 있었다. 범인이 피해자를 성폭행한 후 스타킹으로 목을 조른 것으로 추정됐다(3차 사건).

1986년 12월 14일 밤, 수원 시내 버스 정류장에서 맞선으로 남자를 만나 저녁을 먹은 이 씨(여, 당시 23세)는 화성에 있는 집으로 가는 버스를 탔다. 비가 와서 우산을 들었고, 빨간색 재킷과 같은 색 스커트를 입었으며, 구두도 빨간색이었다. 이후 그녀는 실종되었다가 12월 21일, 논두렁에서 발견되었다.

두 손은 뒤에서 올라오도록 묶인 채 목에는 스타킹이 감겨 있었고, 얼굴에는 거들이 씌워 있었다. 범인이 성폭행한 후 목을 졸라 살해한 것이었다(4차 사건). 이 사건으로 피해자가 4명으로 늘어나자 경찰은 수사인력을 대폭 늘렸고, 언론에서는 '연쇄살인범'의 소행이라고 보도했다. 사건 당일 비가 내렸고, 피해자가 빨간 옷을 입고 있어, 살인마가 '비오는 날 빨간 옷을 입은 여자를 노린다'는 소문이 퍼지자 빨간 옷을 기피하는 현상도 생겼다.

1987년 1월 10일 저녁, 여고생 홍 양(당시 18세)은 수원 북문 근처에서 친구와 헤어져 화성으로 향하는 버스를 탔다. 그녀는 다음 날 오후, 집 근처 논에서 시체로 발견되었다. 두 손은 브래지어 끈과 스카프로 묶여 있었고, 입에는 양말이 물려 있었다. 범인은 마찬가지로 피해자를 성폭행한 후 목을 졸라 살해했고, 혈액형은 B형인 것으로 드러났다(5차 사건).

삼엄한 경계 때문인지 한동안 범행은 잠잠하였다. 그러던 1987년 5월 2일, 화성군 태안읍에 사는 박 씨(여, 당시 29세)가 비오는 날에 우산을 들고 밤늦게 귀가하는 남편을 마중 나갔다가 실종되었다. 그리고 그로부터 일주일 뒤인 5월 9일, 태안읍 진안리 야산에서 그녀의 시체가 발견되었다. 목에는 블라우스와 브래지어, 러닝셔츠가 감겨 있었다. 역시 범인은 피해자를 성폭행한 후 목을 졸라 살해한 것으로 드러났다. 범행 현장에는 245㎜가량의 족흔이 발견되었다. 이로 미루어 범인은 작은 체구일 거라 추정되었다(6차 사건).

1988년 9월 7일 밤, 수원의 한 식당에서 주방 일을 마친 안 씨(여, 당시 54세)는 화성에 있는 집으로 가기 위해 버스를 타고 마을 입구에서 하차했다. 다음 날 아침, 그녀는 화성군 팔탄면 가재리에 있는 농수로에서 시체로 발견되었다. 피해자의 얼굴과 몸에서는 폭행의 흔적이 발견되었고, 질 내에는 복숭아 조각이 들어 있었다(7차 사건).

1989년 9월 16일에 박 양(당시 13세)은 화성군 태안읍 진안리의 집에서 강간당하고 목이 졸려 살해되었다. 범행 현장에 범인의 음모가 발견되어 DNA 분석을 해 보자 다량의 티탄(타이타늄) 성분이 검출되었다. 이로 미루어 범인은 금속 물질을 취급하는 업종에 종사하는 사람으로 추정되었고, 인근 농기계 가게 농업원인 윤 모(당시 22세)가 용의자로 지목되었다. 그러나 추가로 확보된 정액이나 혈액의 DNA가 일치되지 않아 그는 범인이 아닌 것으로 밝혀졌다. 그리고 이전 범행의 수법과도 달라 이는 모방범죄일 것으로 추정되었다(8차 사건).

1990년 11월 15일 저녁에 화성군 태안읍에서 수업을 마치고 귀가하던 김 양(당시 14세)이 실종되었다. 다음 날 오전, 병점리 야산에서 그녀의 시체가 발견되었다. 입에는 브래지어가 물려 있었고 두 손과 두 발은 스타킹으로 묶여 있었다. 역시 범인은 피해자를 성폭행한 후 목을 졸라 죽인 것으로 드러났다. 옷에서 발견된 정액을 분석해 보니 범인의 혈액형은 B형이었다. 그리고 피해자의 도시락과 필통에서는 범인의 지문이 발견되었다(9차 사건). 1991년 4월 3일 밤에는 화성군 동탄읍에서 버스를 하차한 권 씨(여, 당시 69세)가 실종되었다. 그리고 다음 날 오전, 반송리 야산에서 그녀의 시체가 발견되었다. 목에는 검은 천이 감겨 있었고, 음부에는 양말이 있었다. 역시 성폭행을 당한 후 살해된 것이다(10차 사건).

1988년 9월 7일 발생한 7차 사건 때에는 목격자가 있었다. 범인은 버스를 태워 달라며 손을 흔들었고, 그 남자는 피해자 안 씨의 시신이 발견된 곳으로부터 400m가량 떨어진 지점에서 버스를 세웠다. 버스기사와 안내원이 기억하는 범인은 스포츠형 머리에 165~170㎝가량의 키, 나이는 25세에서 27세가량의 남자였다.

　　화성 연쇄살인 사건을 수사한 경찰은 생존자와 목격자가 있었음에도 범인을 잡지 못했다. 전문가들은 목격자와 생존자가 있고, 범행 수법이 비슷했음에도 연쇄살인에 대한 지식과 경험이 부족해서 범인을 검거하지 못한 것으로 분석한다.[13] 대부분의 피해자들은 성폭행을 당한 뒤, 각자 지니고 있던 소지품으로 살해당했다. 범행 현장에 남겨진 증거물이 거의 없고, 범행 동기가 불분명하다는 점도 공통된다. 범인을 잡기 위해 경찰 34만 명, 기동대와 의경 133만 명 등, 총 207만 명이 동원되었다.[14] 그러나 당시는 피해자들의 주변 인물을 조사하거나 주변 상황을 탐문하는 조사가 대부분이었고, 과학적이고 체계적인 조사가 이루어지지 않았다. DNA 분석과 같은 과학수사는 1990년대 들어서 도입되었으며, 그 분석도 일본 과학경찰연구소에 의뢰했었기 때문이다.[15]

　　사건이 발생한 후 무수한 사람들이 조사받았고 용의자 선상에 올랐다. 용의자로 지목되어 수사 대상이 된 사람만 2만 명이 넘었고, 지문을 대조한 사람도 4만 명이 넘었다. 그러나 수사기관에서 범인이라고 판단했던 용의자들은 모두 진범이 아닌 것으로 밝혀졌다. 그중에는 용의자로 몰려 조사관들의 가혹 행위로 사망한 명 씨(남, 당시 21세)도 있었으며, 밤샘조사 끝에 범행을 자백했다가 DNA가 일치하지 않아 석방된 윤 씨(남, 당시 20세)도 있었다.[16] 이들 역시 사건의 희생자라 할 수 있다.

화성 연쇄살인 사건의 발생 시기는 1월부터 5월까지, 9월부터 12월까지다. 여름(6월부터 8월까지)에는 사건이 일어나지 않았다. 그럴 만한 이유가 있었을까? 그리고 1991년 4월 3일 마지막 범행을 저지른 후 범인은 자취를 감췄다. 범인에게 어떤 심리적 혹은 물리적인 변화가 있었을까? 이에 대해 연쇄살인범 유영철은 "그는 다른 사건으로 오래전부터 교도소에 수감되어 있거나 이미 죽었을 것"이라며 "그렇지 않다면 살인 행각을 멈출 수 없기 때문"이라고 말했다고 한다.

이후 사형수로 복역 중이던 사람이 자신이 진범이라고 자백했지만, 진범이 아닌 것으로 드러나기도 했다.[17] 범인에 대한 공소시효(15년)는 2006년에 모두 만료되었다. 이후 대구 아동 황산테러 사건(1999년 김태완 군이 황산테러를 당해 사망한 사건)을 계기로 강력범죄에 대해 공소시효를 폐지해야 한다는 여론이 일었다. 그래서 2015년, 살인죄의 공소시효 폐지를 위한 법안이 발의되어 동년 7월 31일에 공포·시행되고 있다.

SBS의 《그것이 알고 싶다》와 영화 《살인의 추억》은 이 사건을 다루거나 이 사건을 모티브로 하여 제작되었다. 2012년 상영된 영화 《내가 살인범이다》와 2017년에 방영한 OCN 드라마 《터널》도 이 사건을 모티브로 하고 있다. 2016년에는 JTBC의 《이규연의 스포트라이트》에서 이 사건을 다루었고 제작진은 30년이 지난 범인 얼굴을 재현하였다.[18] 이 사건은 과학적이고 체계적인 수사의 필요성을 일깨워 준 계기가 되었다.

연쇄살인

'연쇄살인(serial murder)'이란 용어는 1974년부터 1979년대 30여 명의 여성을 살해한 미국의 테드 번디(Ted Bundy)가 저지른 범죄를 가리키기 위해 처음 사용되었다. 1970년대 이후 미국에서는 연쇄살인의 발생률이 증가하여 사회적 문제로 등장하였다. 많은 사회과학자들이 연쇄살인에 대해 관심을 기울이고 있는 것은 범죄의 양과 질에 있어서 사회적 파장이 크기 때문이다. 최근에는 과학수사, 행동과학의 힘을 빌려 연쇄살인의 유형을 분석해서 수사에 적용하려고 시도하고 있다. 연쇄살인은 3곳 이상의 장소에서 3건 이상 발생하는 사건을 일컫는 말인데, 여기서 범죄자는 살인 사건을 행하는 동안 '심리적 냉각기'를 갖는다는 특징을 보인다. 연쇄살인범의 유형은 분류 기준에 따라 여러 유형으로 나뉜다.

① 지리학적 지속형 연쇄살인(지리적으로 동일한 지역에서 희생자를 찾고 저지르는 살인을 말한다), ② 망상형 연쇄살인(연쇄살인범이 환각이나 환청 등에 시달리며, 그러한 망상에 빠져 저지르는 살인을 말한다), ③ 사명적 연쇄살인(특정한 사람을 제거해야 한다는 어떤 의무감이나 욕구로 인해 살인을 저지르는 경우를 말한다), ④ 쾌락주의적 연쇄살인(이 경우, 연쇄살인범은 자신의 성욕이나 스릴감을 충족시키기 위해 살인을 저지른다), ⑤ 권력통제형 연쇄살인(피해자를 자신의 마음대로 통제할 수 있다는 우월성을 느끼기 위해 저지르는 살인을 말한다).

한국의 대표적인 연쇄살인 사건으로는, 김대두 사건(1975), 화성 사건(1986~1991), 김선자 사건(1986~1988), 지춘길 사건(1990), 지존파 사건(1993~1994), 온보현 사건(1994), 정두영 사건(1999~2000), 택시강도 사건(2002), 유영철 사건(2003~2004), 정남규 사건(2004~2006), 강호순 사건(2006~2008)을 들 수 있다.

4장

갈등의 시대

1990년대는 한국인의 삶과 가치관이 가장 크게 변화된 시대였다. 이 같은 사회 분위기 속에서 개인과 개인 사이의 갈등으로 인해 살인 사건이 발생하는 경우가 많아졌고, 살인의 형태가 보다 세분화되었다.

1993년, 김영삼 후보가 대통령에 당선되고, 1998년에는 김대중 후보가 대통령에 당선되며 군사정권은 종식되었다. 이에 따라 문민정부에 의한 민주주의가 확립되어 갔으며, 공산권이 몰락하고 북한과의 국력 차이가 크게 벌어져 안보 위기가 줄어들었다. 경제적으로는 1980년대의 호황이 1990년대까지 이어졌으며, 국민소득 수준이 1만 불에 접어들었고, 대한민국은 OECD 회원국이 되었다. 그리고 1970년대부터 증가한 중산층이 더욱 두터워졌다. 이렇게 최고의 경제 호황을 구가하다가 1997년, 아시아에 금융위기가 도래하자 최악의 경제 침체를 겪게 되었다.

1990년대는 한국인의 삶과 가치관이 가장 크게 변화된 시대였다. 민주주의 체제가 확립되고, 경제적으로는 풍요를 누렸으며, 컴퓨터와 휴대전화가 보급되는 등, 정보기술이 개인의 삶 속에 깊숙이 파고들었다. 그리고 1980년대 군사정권 아래의 권위적이고 무거운 사회 분위기를 벗어나서 개인들은 다양한 가치관을 펼쳐 나가게 되었다.

아울러 경제적 풍요 속에서 좀 더 소비지향적인 형태로 변해 갔다. 문화적으로도 1980년대의 이념적인 사고에서 벗어나서 자유로운 사고를 중요시하게 되었다. 청소년들은 개성을 중요시하고 대중문화에 열광하였으나, 사회 전체로 볼 때에는 보수적인 경향이 여전히 강했다.

이 같은 사회 분위기 속에서 1990년에 곽재은 유괴살해 사건이, 1991년에는 지금까지 미제 사건으로 남아 있는 개구리 소년 사건이 발생했다. 또 1991년, 경제적 풍요의 1번지라 불리는 서울 강남에서 이형호 유괴살해 사건이 발생했다. 1995년에도 개인 간의 갈등으로 발생한 것으로 추정되는 치과의사 모녀 살인 사건이 발생했으며, 1997년에는 이태원에서 대학생 조중필이 미국인에 의해 살해되는 사건이 발생했다.

연쇄살인범 정두영은 1999년부터 2000년까지 전국에서 9명을 살해하였다. 그리고 1999년에는 보복운전으로 인해 신혼부부가 살해되는 사건이 발생했다. 이와 같이 이 시기에는 개인과 개인 사이의 갈등으로 인해 살인 사건이 발생하는 경우가 많아졌고, 유괴살인, 연쇄살인, 보복살인 등 살인의 형태가 좀 더 세분화되고 있음을 볼 수 있다.

거짓말이 부른 참화
곽재은 유괴살해 사건

_____1990년 6월 25일 비오는 날, 서울 송파구 올림픽공원 인근 아파트에 사는 곽재은 양(당시 6세)은 노란색 우의를 입고 빨간 운동화를 신고 우산을 챙겨 유치원에 갔다. 아파트 단지 내에 있는 유치원이어서 평소에도 재은 양은 혼자 걸어서 유치원에 다녔다. 그런데 그날 집에 돌아와야 할 12시가 되어도 재은 양은 돌아오지 않았다.

재은 양의 어머니는 유치원 교사를 찾아가서 재은 양이 어디에 있는지 물었다. 그러자 당황한 유치원 교사는 부원장을 불렀다. 부원장은 "어머님이 30분 전에 전화를 주셔서 급한 일이 생겨서 그러니 재은이를 빨리 보내 달라고 그러지 않으셨어요? 데리러 오시는 길에 만나면 되니까 재은이만 그냥 보내 달라고…"라고 되물었다. 재은 양의 어머니는 가슴이 철렁 내려앉아 계속 수소문하였으나 아무런 소식이나 연락이 없었다. 결국 재은 양이 실종된 5시간이 지난 오후 5시에 재은 양의 어머니는 경찰에 신고했다. 신고를 받은 경찰은 유치원 관리자와 주변 인물들을 조사하고, 유괴되었을 경우에 대비하여 집 전화에 녹음장치를 설치하고 대기했다.

다음 날인 6월 26일 오후 5시에 젊은 여자로부터 전화가 걸려 왔다. "재은이를 데리고 있으니 재은이를 돌려받고 싶으면 경찰에 신고할 생각 같은 것은 하지도 말고 5천만 원을 송금해라"고 말한 뒤 은행 계좌번호를 알려 주고 1분 만에 전화를 끊었다. 경찰이 발신지를 추격하자 서울의 공중전화에서 걸려온 전화로 확인되었다.

재은 양의 어머니는 너무 당황한 탓에 멀리서 차들이 지나가는 소리 외에는 다른 배경 소리를 듣지 못했고, 전화를 한 여자의 목소리의 자세한 특징도 잘 기억하지 못했다. 10분 후에 다시 전화벨이 울렸다. 같은 목소리의 여성은 계좌번호와 은행 이름을 다시 한 번 확인하고 예금주 이름을 '이상민'이라고 밝힌 뒤 전화를 끊었다. 당시는 금융실명제를 시행하기 전이라 가명으로 개설한 계좌일 가능성이 컸다. 경찰은 계좌가 개설된 조흥은행의 전국 지점에 해당 계좌에서 돈을 인출하려는 사람이 나타나면 경찰에 신고하도록 요청했다.

또 서울 시내 모든 지점에 경찰을 배치해서 잠복근무에 들어갔다. 전화를 받은 다음 날 아침, 재은 양의 어머니는 가까운 은행으로 가서 범인이 불러 준 계좌로 500만 원을 입금했다. 그리고 그날 오후 5시 15분, 전화가 걸려왔다. 범인은 "500만 원이 입금이 된 것은 확인했고, 나머지 돈 빨리 부쳐라. 만약에 경찰에 신고하면 재은이도 죽고 나도 죽는다"고 협박했다.

6월 28일 아침, 재은 양의 어머니는 2500만 원을 범인이 불러 준 계좌로 입금했다. 경찰은 조흥은행 서울 시내에 있는 각 지점에서 잠복근무하면서 대기했다. 그로부터 하루가 지난 6월 29일 오후, 범인은 명동에 있는 국민은행 본점에 설치된 현금자동지급기(ATM)에서 30만 원의 현금을 인출했다. 그 후 범인은 명동에 있는 롯데백화점 2층 조흥은행 출장소의 현금자동지급기에서 현금 인출을 시도했고 범인은 6차례에 걸쳐 카드로 260만 원을 인출한 뒤 자리를 떠나려 했다.

이윽고 작은 체구의 여성이 현금자동지급기에서 돌아나오는 모습이 경찰의 눈에 포착되었다. 범인은 인파가 붐비는 지하철역으로 도주했으나 을지로 입구 지하철역에서 붙잡혔다. 범인의 이름은 홍순영(당시 23세)이었고, 앳된 얼굴은 유괴범으로 비치지 않았다. 경찰은 재은 양이 어디 있는지, 공범이 있는지 물었다. 홍순영은 공범은 자신을 기다리고 있고 지금 바로 돈을 가져가지 않으면 아이가 다칠 수 있다고 말했다.

경찰은 홍순영의 말을 믿고 공범과 접촉하는 장소라는 서울역 지하철로 가서 기다리고 있었다. 그런데 청량리행 전차가 들어오는 순간, 홍순영은 선로 위로 몸을 던졌다. 다행히 기관차가 이를 보고 급정거하여 홍순영은 머리에 찰과상만 입었다. 재은 양의 행방을 묻는 물음에 엉뚱한 대답만 하던 그녀는 결국 숙명여자대학교 음악대학 건물의 물탱크 뒤에 재은 양의 시신을 은닉했다고 자백했다.[1]

홍순영은 유복한 가정에서 태어나 남부럽지 않은 환경에서 자랐다. 그러나 경쟁심과 질투심이 많던 그녀는 대학 입시에 실패하자 숙명여자대학교에 합격했다고 거짓말을 했다. 그리고 거짓말을 들키지 않으려고 대학교 합격통지서와 등록금고지서까지 조작했고, 등록금을 타내고 용돈을 받아 그 대학교에 다니기까지 하였다. MT와 학교 행사에도 빠짐없이 참가하자 모두들 그녀를 진짜 대학생으로 알았다. 그녀는 재수해서 정식으로 합격하면 이 모든 일이 해결되리라 생각했다.

그러나 매 순간 상황을 모면하느라 정작 대학 입시를 제대로 준비할 수 없었다. 급기야 주변에서는 점차 그녀를 의심하는 사람이 늘기 시작했다. 그녀에게는 1년 가까이 사귀며 결혼까지 생각한 남자친구가 있었는데 그녀의 지인이 그 남자친구에게 홍순영이 '가짜 대학생'이라고 알리자 홍순영은 극단적으로 변해 갔다. 그리고 그녀는 큰 돈을 마련해서 남자친구의 환심을 사려 했다.

홍순영은 재은 양과 아무런 관계가 없었다. 그저 범행을 결심한 당일, 유치원 주변을 돌아다니다가 우연히 곽재은이란 이름표를 보고 범행 대상으로 정한 것이었다. 홍순영은 재은 양을 납치한 후 숙명여자대학교 뒤 물탱크 뒤로 끌고 가 재은 양의 집 전화번호, 주소 등을 알아낸 후 목 졸라 죽였다. 홍순영은 조사를 받고 재판을 받는 내내 "제발 사형시켜 주세요"라며 후회하는 듯한 모습을 보였다.

1991년 9월 3일, 대법원은 피고인 홍순영에 대한 상고심에서 원심대로 사형을 확정했다. 대법원은 "… 그 범행 수법이 매우 치밀하며 지능적이고 대담할뿐더러 그 죄질 또한 극히 반사회적이며 불량하다 할 것이고 … 사형을 선택하여 피고인을 사형으로 처단하였음은 수긍이 가고 그 형의 양정이 심히 부당하다고 보여지지 아니한다"라고 밝혔다.[2] 그리고 1991년 12월 18일 그녀의 말대로 사형이 집행되었다.[3]

미국의 여류 작가 패트리샤 하이스미스(Patricia Highsmith)

가 쓴『재능 있는 리플리 씨 The Talented Mr. Ripley』에서는 톰 리플리가 주인공으로 등장한다. 리플리는 재벌의 아들 그린리프를 죽인 뒤, 대담한 거짓말로 그린리프의 인생을 가로챈다. 여기서 유래하여 현실 세계를 부정하고 허구의 세계만을 진실로 믿으며 상습적으로 거짓말을 일삼는 반사회적 인격장애를 '리플리 증후군'이라고 부른다. 그녀는 과연 리플리 증후군을 가진 사람이었을까? 아니면 그냥 거짓말쟁이었을까?[4]

리플리 증후군

리플리 증후군(Ripley Syndrom)이란 현실을 부정하고 마음속으로 꿈꾸는 허구의 세계를 사실로 믿으며 거짓된 말과 행동을 반복하는 반사회적 인격장애를 일컫는 말이다. 패트리샤 하이스미스가 쓴 『재능 있는 리플리 씨』에서 호텔 종업원으로 일하던 톰 리플리는 친구이자 재벌의 아들인 디키 그린리프를 죽인 뒤, 대담한 거짓말과 행동으로 그린리프의 인생을 가로챘다.

리플리는 죽은 친구로 신분을 속여 그의 인생을 대신 살아가다가 그린리프의 시체가 발견되면서 그 진실이 드러난다. 알랭 드롱(Alain Delon)이 주연한 《태양은 가득히》(1960)가 이 소설을 원작으로 삼았다. 영화가 흥행하자 리플리 증후군은 정신병리학자들의 관심 대상이 되었다. 우리나라에서는 2007년 S 씨가 동국대학교 교수 임용 과정에서 학력을 위조했는지가 논란이 되면서 이 용어가 널리 알려지게 되었다. 영국의 일간지 〈인디펜던트〉는 이 사건을 '재능 있는 리플리 씨'에 빗대어 '재능 있는 S 씨'로 표현했다.

잊어서는 안 되는 아이들

개구리 소년 사건

1991년 3월 26일은 전국 광역·기초의원을 뽑는 선거일이어서 임시 공휴일이었다. 그날 아침 8시 무렵, 대구 달서구 성서초등학교에 다니던 6명이 조호연 군의 집 근처에서 놀고 있었다. 그때 그 집에 세 들어 살던 청년이 아이들에게 "시끄러우니 나가서 좀 놀아라" 하고 말했다.

아이들은 다른 곳에서 할 놀이를 생각하다가 도롱뇽[5] 알을 채집하러 동네 인근에 있는 와룡산에 올라가기로 했다. 6명 가운데 김태룡 군은 아침을 먹지 않았기에 집에 가서 빨리 아침을 먹고 뒤따라가기로 했다. 남은 다섯 명은 분유 깡통과 막대기를 들고 와룡산으로 향했다. 다섯 아이들의 이름은 김종식(남, 당시 만 8세, 2학년), 박찬인(남, 당시 만 9세, 3학년), 김영규(남, 당시 만 10세, 4학년), 조호연(남, 당시 만 11세, 5학년), 우철원(남, 당시 만 12세, 6학년)이다. 태룡 군은 나중에 급히 뒤쫓아 와룡산으로 들어가는 입구에서 아이들을 따라잡았다. 그러나 문뜩 "너무 멀리 가서 놀지 마라"는 어머니의 당부가 생각나서 혼자 집으로 돌아왔다.

호연 군의 형 조무연 군은 자전거를 타고 산 입구에 갔다가 아이들을 만났는데, 아이들이 도롱뇽 알을 찾으러 간다는 말을 듣고 헤어져 집으로 돌아왔다. 와룡산 기슭에 있는 마을에 살면서 파출부(당시에는 가정부, 식모로도 불렀으나 2010년대부터 '가사도우미'라 불린다)로 일하던 김순남 씨(여)는 9시쯤 아이들을 목격했다고 한다. 그녀는 일찌감치 투표를 마치려고 학교 쪽으로 내려오다가, 와룡산 쪽으로 올라가는 5명의 아이들과 지나쳤다. 그때 아이들은 자기들끼리 "2시간 안에 갔다 올 수 있을까?"라는 얘기를 주고받았다고 한다.

철원 군과 같은 반인 김경열 군과 이태석 군은 12시쯤 아이들을 와룡산 입구에서 봤다고 말했다. 이들은 점심을 먹기 직전, 우철원이 아이들과 산 쪽으로 가길래 잠깐 얘기를 나누었다고 한다. 와룡산 기슭에 사는 김이수 씨(여)는 2시쯤에 5명의 아이들이 산으로 올라가고 있는 것을 봤다고 말했다. 같은 학교에 다니던 4학년 함승훈 군은 와룡산 바로 밑에 있는 군인 아파트에서 살고 있었다. 승훈 군은 이날 동네 형과 함께 도롱 농 알을 주우러 와룡산 계곡에 갔다. 그는 형들과 떨어져 혼자 와룡산 중턱에 있는 무덤가 근처까지 올라갔는데, 그때 산 위 쪽에서 10초 간격으로 다급한 비명소리를 두 번 들었다고 한 다. 하지만 같이 올라갔던 형들은 듣지 못했다고 한다. 승훈 군 은 이때가 점심 먹기 직전이었으니까, 11시 30분쯤 되었을 것 이라고 말했다.

　　종식 군의 어머니 허도선 씨와 김영규 군의 어머니 최경 희 씨는 승훈 군이 산에서 비명을 들었다는 11시 30분쯤에, 가 슴이 오그라드는 듯한 위기감을 느꼈다고 한다. 그래서 아이들 을 찾아 나섰다가 와룡산에 갔다는 얘기를 듣고 집에 돌아오면 야단이나 쳐야겠다고 생각했으나, 점심 때가 훨씬 지나서도 아 이들은 돌아오지 않았다. 부모들은 오후 6시쯤 와룡산 주변에 서 아이들을 찾았으나 허탕을 치고 저녁 7시 50분에 경찰에 신 고했다. 경찰은 아이들이 와룡산에서 길을 잃었다고 보고, 부 모와 함께 다음 날 새벽 3시까지 산을 샅샅이 뒤졌으나 아이들 을 찾지 못했다.

　　안타까운 것은 아이들이 사라진 날이 하필 선거일이어 서 경찰 인력이 투표소 관리에 집중되어 있었기에 초동 대응이

미흡했다는 점이다. 지역 언론보도에 따르면 아이들이 실종된 지 일주일 후인 1991년 4월 1일, 달서경찰서는 이 사건을 집단 가출로 규정해서 소년계에서 처리했다. 그러나 다섯 아이들의 집안은 화목했고, 다섯 명이 약속이나 한 것처럼 집단가출할 리는 없어 보이므로 이런 추정은 납득하기 어려웠다.

그래서 사건은 언론매체를 통해 전국에 알려졌고, 당시 대통령 노태우의 지시로 경찰과 군인들이 동원되어 와룡산과 전국을 샅샅이 수색했다.[6] 그러나 별다른 성과가 없었다. 사건 초기에 도롱뇽이 개구리로 잘못 알려져 5명의 아이들은 개구리 소년으로 불렸다. 1992년에는 개구리 소년을 주제로 한 영화 《돌아오라 개구리 소년》이 개봉되었다.

그리고 MBC의 《특별 생방송》, SBS의 《그것이 알고 싶다》, KBS1의 《사건 25시》에서 이 사건을 심층분석했다. 1996년에는 실종된 김종식 군의 아버지 집에 아이들이 암매장되었을 거라는 자칭 범죄심리학자 김모 씨의 주장이 제기되어 집 곳곳을 파헤쳤다. 그러나 아이들의 유골은 발견되지 않았다. 이로 인해 종식 군의 부친은 괴로워했고, 2001년 간암으로 세상을 떠났다.[7]

개구리 소년들이 실종된 지 11년 만인 2012년 9월 26일, 도토리를 주우러 와룡산에 간 등산객이 산 중턱에서 5명의 유

"개구리 소년 벌써 잊었나요", 경향신문(1991.12.15).

골을 발견했다. 이곳은 과거 군부대 사격장이 있던 곳이라 인근 아이들이 탄피를 주우러 자주 갔던 곳이었다. 그래서 아이들이 오발탄에 맞아 죽었을 거라는 추측도 나왔다.[8] 그런데 경찰은 유골이 발견되었다는 신고를 받고 출동한 후 현장보존도 하지 않고 과학수사대도 부르지 않은 채 곡괭이로 땅을 파헤쳤다. 그리고 정확한 부검도 하지 않은 상태에서 '조난을 당해 추위에 떨다가 저체온증으로 사망했다'고 추정했다.[9]

그러나 유족들은 와룡산은 해발 299.7m의 야산이라 조난당할 수 없다고 주장했다. 2011년, SBS의 《그것이 알고 싶다》는 13살 아이들을 대상으로 실험해 보았는데, 실제로 이들은 모두 산을 내려오는 데 성공했다. 또 늦은 밤이라 해도, 근처에 마을이 있어 불빛도 쉽게 찾을 수 있었다. 그리고 한 아이의 옷소매가 뒤로 묶여 있었는데, 그 매듭은 일반 사람이 아닌 전문가나 관련 업계 종사자가 쓰는 정교한 형태였으므로 타살의 증거라고 볼 수 있었다.

부검한 법의학자들 역시 아이들이 둔기나 흉기에 찔려

타살된 것이라고 추정했다.[10] 아이들의 두개골에 남아 있는 상처가 그 근거였다. 우철원 군의 두개골 좌우측 옆머리에는 구멍이 2개가 있고 구멍 주위에 직사각형의 상처가 있었다. 그리고 좌측 옆머리는 함몰되어 골절된 상태였다. 김종식 군의 두개골도 우측 눈 위에 구멍이 있고 이어 10cm가량이 골절되어 있었다. 김영규 군의 두개골 역시 우측 옆머리 2곳이 골절되어 있었다. 그러나 범인이나 범행 도구가 발견되지 않은 채 사건이 발생한 지 15년이 흐른 2006년 3월 26일, 공소시효가 만료되었다.[11] 법의학자들은 아이들이 살해되고 곧바로 매장된 것으로 추정했다.

유골이 발견된 곳은 수풀이 우거진 곳이고 비만 오면 실개천이 만들어지는 곳인데 왜 수많은 인력이 수색했을 때 발견되지 않았느냐는 의문이 남는다. 그리고 아이들이 도롱뇽 알을 줍는 산 앞쪽 중턱이 아닌 반대편 산 중턱에서 유골이 발견된 것과 아무리 성인이라도 한두 명도 아닌 다섯 명이나 모두 잡아서 살해할 수 있느냐 하는 의문도 제기된다. 그래서 범인은 그곳 지리를 잘 아는 사람이며, 아이들을 유인해서 범행했을 거라는 추측도 제기되고 있다.[12] SBS의 《그것이 알고 싶다》는 범행 도구는 용접망치로 보이고, 범행의 잔인성과 침착성에 미루어 사이코패스의 짓으로 의심된다고 추정했다.[13]

이 사건을 살펴보면 여러 아쉬움이 남는다.[14] 경찰은 다섯 아이가 실종된 것이 단순 가출이라고 보았다. 이런 안이한 인식이 초동수사의 소홀로 이어졌다고 볼 수 있다. 이후 군과 경찰은 총 31만 명을 동원하여 대규모로 수색했다고 자부했다. 그러나 정작 아이들의 유골을 발굴한 이는, 산에서 도토리를 줍다가 사람의 뼈가 보여 등산용 지팡이로 주변 땅을 판 등산객이었다.

깊은 산도 아닌 야산이므로 정말 제대로 수색했더라면 초기에 유골을 발견했을 가능성도 커 보인다. 그리고 유골이 발굴된 이후의 처리에 있어서도 소홀했다. 유골에 타살 흔적이 보이는데도 경찰은 유골이 겹쳐 있었다는 이유로 저체온증으로 사망했을 거라고 추정했다. 그러나 국립과학수사연구원에서 부검해 보니 세 아이의 두개골 뼈의 상흔은 외부 힘에 의한 것으로 드러났다. 그런데 잘못된 판단으로 인해 유골 주위의 현장이 제대로 보존되지 못하고 훼손되었던 것이다. 이렇게 미제사건은 사건이 복잡하고 어려워서 생기는 것이 아니라 실수로 인해 비롯되는 경우도 많다.

그놈의 음성
이형호 유괴살해 사건

_____서울 압구정동에 있는 한 아파트에 살던 이형호 군(당시 9세)은 추운 겨울인 1991년 1월 29일 저녁, 아파트 놀이터에서 그네를 타던 모습이 마지막으로 목격된 후 실종되었다. 당시 형호 군의 친구는 아파트 놀이터에서 등을 돌린 남자가 형호 군과 얘기를 나누는 것을 보았다고 했다.

부모는 형호 군이 밤늦도록 돌아오지 않자 경찰에 신고했다. 그리고 그날 밤, 서울·경기 지역의 말씨를 쓰는 30대 남성으로 추정되는 남자가 아이를 찾고 싶으면 7000만 원을 달라고 협박전화를 걸어 왔다. 전화는 43일 동안 60여 차례나 계속되었고, 범인은 마치 짜놓은 각본이 있는 것처럼 철저하고 치밀하게 움직였다. 범인은 처음 협박전화를 건 뒤 경찰에 신고했는지 확인하려고 다시 전화를 걸어 "서초경찰서 형사입니다. 거기 있는 형사들 좀 바꿔 주세요"라고 말했고, 형호 군의 의붓어머니는 "가정집에 무슨 형사가 있나요?"라고 말해 무사히 넘겼다.

범인은 형호 군의 아버지 이우실 씨의 승용차에 설치된 카폰으로 연락해서 차에 돈을 두고 김포공항에 차를 주차한 뒤 버스를 타고 집으로 가라고 지시하였다. 이우실 씨는 그대로 했으나 범인은 나타나지 않았다. 그날 밤, 범인은 전화를 걸어 "뒷좌석에 누가 타고 있었습니다"라고 말했다. 당시 경찰관은 잠복해 있었고 트렁크에 타고 있었지, 앞좌석이나 뒷좌석에 타고 있지는 않았으므로 범인은 넘겨짚었던 것으로 추정된다.

이후 범인은 지하철 공중전화로 전화하여 이우실 씨를 대한극장 앞으로 불러내었고, 제과점 건너편에 차를 세운 뒤 제과점에 들러 커피를 마시면서 기다리라고 지시했다. 그러나 제과점이 문을 닫은 상태였고 범인은 다시 치킨집으로 가라고 지시했다. 이후 범인은 집으로 전화를 걸어 형호 군의 의붓어머니에게 "지금 누군가가 주변을 계속 얼쩡거리고 있네요. 경찰에 연락하지 말라고 하지 않았습니까? 계속 잡아떼실 건가요?"라고 말했다. 당시 경찰관은 약속장소 주변에서 일반인으로 변장해서 잠복해 있었으므로 범인은 넘겨짚은 것이었다. 그러나 형호 군의 의붓어머니는 "삼촌이 같이 나간 것 같다"고 말하여 반쯤 시인했다.

얼마 후 연락한 범인은 한일은행에 '윤정수', 상업은행에 '김주선'이라는 이름으로 계좌를 개설한 뒤, 특정 장소에 계좌번호를 적어 둔 메모를 남겨 그걸 보고 입금하도록 하는 '무인 포스트(비밀 공작에 있어 직접 접촉하지 않고 조직원 사이에 전달될 수 있도록 문서나 물품을 은닉하는 장소)' 방식을 썼다.

범인은 두 은행에 2000만 원씩, 총 4000만 원을 입금하라고 지시했고, 이우실 씨는 경찰과 협의하여 한일은행에만 입금했다. 당시는 금융실명제가 실시되기 전이라 신분증 없이도 가짜 신분으로 계좌 개설이 가능했다. 그리고 당시 은행에는 CCTV 설치가 일반화되지 않던 때라 범인이 간 곳에는 모두 CCTV가 설치되지 않았고, 메모나 통장개설 신청서에도 지문이 남아 있지 않았다.[15]

2월 13일, 범인은 전화하여 "아이에 대한 애착이 없군요. 형호 죽기를 바라죠?"라고 협박했다. 그리고 "88도로를 타고 가시다 보면 서울교라고 다리가 있습니다. 거기 밑에 철제 박스가 있고 메모를 돌로 눌러놨습니다. 이번이 마지막인 줄 알고 잘 진행해 주십시오"라고 최후통첩을 보내왔다. 이우실 씨는 범인이 지시한 곳에 가짜 돈이 섞인 봉지를 두었다. 그러나 경찰이 무전기로 의사소통을 하면서 철제 박스 위치를 혼동하였고, 그 사이에 범인은 돈을 가지고 사라졌다.

그날 밤 범인은 전화를 걸어 "가짜 돈이 잔뜩 섞여 있습니다. 형호를 되찾길 바라지 않는 것으로 알죠. 다만 경찰에 신고하지 않으신 점은 감사하게 생각합니다"라는 말을 남기고 연락을 끊어 버렸다. 그러나 가족은 범인이 계좌에서 돈을 인출할 것을 대비하여 한일은행에 입금된 돈을 상업은행 계좌로 송금했다. 그런데 2월 19일, 상업은행 상계동지점에서 한 남자가 나타나서 돈을 인출하려고 했다. 은행원이 단말기에서 "사고 신고 계좌"란 문구를 보고 당황하자 이를 눈치챈 남자는 달아났고, 그곳에도 CCTV가 없었기에 범인 검거에는 실패했다.[16]

마지막 통화를 한 후 27일이 지난 1달 뒤인 3월 13일, 한강공원 잠실지구 배수로에서 형호 군의 시체가 발견되었다. 부검한 결과, 위에 남아 있는 음식물이 실종된 날 친구 집에서 먹은 음식으로 확인되어 유괴된 직후 사망한 것으로 추정되었다. 그러므로 범인은 애당초 형호 군을 살려서 돌려보낼 생각은 없었고, 돈만 받고 도망갈 계획이었던 것이다. 부검의는 형호 군이 납치된 후 반항도 하지 못한 채 강한 물체로 가격당했다고 추정했다.[17]

경찰은 상업은행에서 계좌를 개설하느라 대화를 나눈 은행원의 기억을 토대로 몽타주를 작성하여 전국에 배포하였다. 그리고 범인의 목소리를 성문분석했는데, 이형호 군의 친척 목소리와 일치하는 것으로 나왔다. 범인은 이형호 군에게 형이 있다는 사실을 알고 있었고, 이형호 군의 할아버지가 자산가여서 돈을 충분히 줄 수 있지 않느냐고 말하는 등, 친척이 아니면 알기 어려운 사실을 알고 있었다. 그리고 안면이 있는 사람이어서 형호 군이 쉽게 따라간 것이라고 추측할 수 있었다.

또 형호 군을 마지막으로 본 친구가 "왜 집에 안 가?"라고 묻자 "엄마한테 혼나"라고 대답했는데, 이 말은 친척을 만나는 것에 계모의 눈치를 보고 대답한 것으로 추측할 수 있었다. 범인이 개설한 은행 통장의 명의 역시 그 친척 주변 인물이었다. 그러나 그는 범인이 공중전화를 한 날 경주에 있었다고 알리바이를 대었다. 조사해 보니 그는 실제로 경주에 머물렀다는 사실이 밝혀졌다.[18] 결국 경찰은 범인 검거에 실패하였고, 대한민국 3대 미제사건의 불리던 이 사건의 공소시효는 2006년에 만료되었다.

이 사건에서 안타까운 점은 범인이 마지막으로 모습을 드러낸 한국상업은행에 CCTV가 없었다는 사실이다. CCTV가 있었더라면 범인을 체포하는 일은 시간문제였을 것이다. 그리고 그곳에서 범인이 통장을 개설할 때 작성한 신청서와 메모지에 지문이 발견되지 않았다는 점도 아쉽다. 증거보전에 문제가 있었거나 아니면 종이에 지문이 남지 않아서일 것이다.

범인과 대화를 나눈 은행직원의 기억을 토대로 몽타주를 작성해서 전국에 배포했지만, 몽타주로는 범인을 검거할 수 없었다. 이 몽타주 속 인물은 성문분석을 통한 범인과 다르다는 의견이 있다. 성문분석을 토대로 한 범인은 입에서 턱까지 길이가 짧고, 얼굴 좌우가 잘 발달된 인물로 추정된다. 그러나 몽타주 속 인물의 얼굴은 입에서 턱까지 길이가 길고, 계란형 얼굴을 가진 인물이다.

1992년 3월 31일 방영된 SBS의 《그것이 알고 싶다》에서 이 사건을 다루었다. 여기서 성문분석한 결과, 목소리의 주인공은 1명으로 보이지만 올림픽대로 철제 박스와 관련해서 1명은 운전하고 1명은 조수석에 앉아 있다가 팔을 뻗어 돈을 낚아 챘을 것이라고 추정했다. 그리고 2011년 5월 21일 방영된 《그것이 알고 싶다》에서는 범인이 3명 이상이라고 추정했다.

면식범으로 보이는 주범은 전화를 걸지 않고 타인을 시켜 협박전화를 걸었고, 범인이 '저희'나 '우리'라는 단어를 자주 사용했으며, 무인 포스트 방식을 쓸 때 제때 메모지를 갖다 놓는 역할을 하는 범인이 있었을 거라는 것이다. 그리고 이우실 씨의 동선을 감시하는 역할을 한 인물이 있었을 것이라고 추정했다.

2007년에 이 사건을 모티브로 《그놈 목소리》란 영화가 개봉했고, 이후 JTBC의 《이영돈 PD가 간다》에서도 이 사건을 다뤘다.[19] 이영돈 PD는 말투, 통화내용 등을 토대로 범인은 비면식범에, 많이 배운 사람, 정상적인 직업을 가진 사람, 서비스직에 종사한 사람이라고 추정했다.[20] 경찰은 사건 이후 이제는 CCTV 설치의 확대, 감청 장비의 발달 등으로 유괴 사건의 검거율이 99% 이상에 이르고 있다고 말한다.[21]

한국판 O. J. 심슨

치과의사 모녀 살인 사건

　　1995년 6월 12일 아침, 서울 은평구 불광동의 한 아파트에서 흰 연기가 새어 나왔다. 그러자 경비원이 119에 신고하였고 9시 30분경, 소방관들이 도착하여 10여 분 만에 불을 껐다. 화재는 안방의 장롱에서 시작하여 장롱 등만 태웠을 뿐, 크게 번지지는 않았다. 불을 모두 끈 후, 소방관들은 현장에서 외과 의사 이 모의 부인인 치과의사 최 씨(당시 31세)와 딸(당시 2세)이 사망한 채 욕조에 있는 걸 발견했다. 당시 외과의사인 이 모는 개인 외과의원을 개원하는 날이라 출근한 상태였다.

　　최 씨와 딸은 물이 담긴 욕조에 엎드린 채 숨져 있었다. 최 씨는 발견 당시 상의가 벗겨지고 팬티가 내려가 있는 상태였으며, 목에는 교살(絞殺)의 흔적이 있었다. 그리고 목과 팔 등에는 작은 찰과상이 발견되었다. 딸의 시신에서도 끈으로 목이 졸린 흔적이 발견되었다. 이러한 사실을 바탕으로 타살이라고 추정되었고, 장롱에서 불이 난 것으로 보아 경찰은 누군가 살인을 저지른 후, 증거를 없애려고 불을 질렀을 거라고 추정했다.

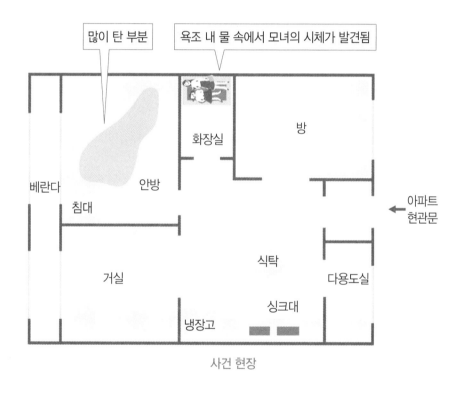

사건 현장

현관문은 잠겨 있었고, 밖에서 침입한 흔적은 없었다. 집 안의 현금과 귀중품은 그대로 있었고, 누군가 집을 뒤진 흔적도 없었다(그림). 그래서 경찰은 개인적인 원한으로 살해했을 거라 추정했다. 경찰은 개인적인 원한이 있을 만한 사람들을 수사했지만, 이들은 모두 용의자에서 배제되었다. 그중에는 최 씨와 내연 관계에 있던 인테리어 업자도 있었으나, 그는 그 시각 다른 곳에 있었음이 드러났다. 그래서 남편인 이 모가 유력한 용의자로 남게 되었다.[22]

그는 7시에 집에서 나설 때 모녀의 배웅을 받았다고 말했다. 그가 양천구에 있는 병원에 도착한 시각은 오전 8시였다. 이 모가 출근한 7시 이전에 모녀가 사망하였다면 그가 범인이 될 것이고, 그 이후에 두 사람이 사망하였다면 이 모가 살해하지 않았다는 사실이 입증될 것이므로 모녀가 사망한 시각이 사건의 핵심이었다.

모녀에 대한 검안은 오전 11시 30분에 실시되었다. 검안 때 부인에게는 우측 대퇴부를 중심으로 하여 양측성 시반(屍斑, 사후에 시체의 피부에서 나타나는 반점, 시반이 생긴 후 시체를 뒤집으면 원래 있던 시반은 사라지고 새로운 부위에 생기는데 이를 '이동성 시반'이라 하며 반면 원래 부위의 시반은 옅어지고 새로운 부위에도 생기면 이를 '양측성 시반'이라 한다)이 형성되어 있었다. 양측성 시반이 형성되려면 사후 6시간에서 8시간이 경과하여야 한다. 이를 고려할 때, 모녀가 사망하였다고 추정되는 시간은 3시 30분에서 5시 30분이 된다.

지문을 뜨기 위해 손가락을 펼치자, 손가락은 사후강직(死後强直, 사후 시체가 굳는 현상)이 진행된 상태였다. 손가락 관절에 사후강직이 진행되려면 사후 6시간에서 12시간이 지나야 한다. 이럴 경우, 모녀가 사망한 것으로 추정되는 시간은 전날 밤 11시 30분부터 사건 당일 아침 5시 30분 사이가 된다. 그리고 부인의 위에서는 전날 저녁에 먹었다는 미역국의 흔적이 발견되었다.

그러나 남편이 아침에 먹었다고 한 콩나물국의 흔적은 발견되지 않았다. 이와 같은 잔존물로 미루어 두 사람은 저녁을 먹은 후 아침을 먹기 전에 살해되었으며, 사망 시간은 11일 23시 30분부터 12일 4시 사이로 추정되었다.[23] 또 범인이 집에서 이리저리 다닌 흔적이 없었으므로, 집의 구조를 어느 정도 알고 있는 사람이 범행했다고 추정하였다. 그러나 살해도구나 지문, 머리카락이 발견되지 않아 직접증거가 없었고 정황증거만 있었다. 이러한 정황증거들은 남편이 범인이라는 가설을 뒷받침했다.[24]

그러나 시반과 사후강직으로만 사망시각을 추정하면 오차범위가 매우 커진다. 사람에 따라서 시반의 발생시점과 정도도 다르기 때문이다. 최초 검안할 때에는 목과 가슴, 배에도 시반이 보였다. 그러나 부검할 때에는 우측 대퇴부 외의 시반은 모두 없어졌다. 우측 대퇴부의 경우, 부인이 팬티를 입고 있었으므로 그 압력으로 인해 시반이 먼저 생긴 것으로 볼 수 있다.

또, 다른 시반이 모두 없어졌으므로 시반이 형성된 지 얼마 지나지 않았다고 볼 수 있다. 이럴 경우 남편이 집을 나간 이후인 7시 40분까지 사망시간이 늘게 된다. 그리고 온도가 높으면 조기강직이 나타난다. 그런데 당시에는 욕조물의 온도가 얼마인지 재지 않아 사후강직의 원인이 분명하지 않았다. 시간이 오래 지나서 사후강직이 나타난 것인지, 아니면 범인이 욕조에 뜨거운 물을 받아 고의적으로 급속하게 사후강직을 유도했는지 알 수 없다.

화재가 났다고 신고한 시각은 9시 10분경이었다. 따라서 화재는 그 이전에 발생하였다. 문제는 언제 불씨가 옮겨 붙어, 밖에서 화재가 났음을 알아챌 수 있는가이다. 변호인 측은 아파트 모형으로 화재실험을 했고, 장롱에 불이 났다 하더라도 5~6분 후면 밖에서 연기를 볼 수 있음을 입증하였다. 이럴 경우 8시 30분쯤 누군가 방화한 것으로 추정할 수 있다.

그리고 최 씨가 아침식사를 할 때 미역국을 먹었을 가능성도 있다. 혹은 평소 최 씨가 아침을 잘 챙겨먹지 않았기 때문에 그날도 아침을 먹지 않아 콩나물이 발견되지 않았을 수도 있다. 전자레인지에서는 최 씨가 아침 대용으로 먹는 것으로 추정되는 한약도 발견되었다. 또 최 씨는 사망 당시 렌즈를 끼고 있었다. 모친에 의하면, 최 씨는 평소 자기 전에 렌즈를 빼고, 아침에 일어나서 화장하고 다시 렌즈를 꼈다고 한다. 그러므로 최 씨가 렌즈를 낀 상태에서 죽었다는 건 그녀가 자기 전에 사망했거나 일어나서 렌즈를 낀 후에 죽었다는 것이 된다.[25]

당시 최 씨에게는 내연남이 있었다. 그녀는 인테리어 업자와 사건 직전까지 만남을 이어 왔다. 수색 과정에서 발견된 최 씨의 일기장에는 '남편과 잠자리를 하면서도 그가 생각났다'는 내용이 적혀 있었다. 만약 남편이 그 사실을 알았더라면, 이는 살해의 동기가 될 수 있다. 그러나 이 모는 부인의 외도를 전혀 몰랐다고 주장했다. 경찰은 부인이 외도를 저질렀고, 이 모와 처가의 사이도 좋지 않았다고 말했다. 장모가 이 모를 구박하였지만, 그의 성격이 내성적이어서 화를 억누르다가 결국 살인으로 이어졌다는 것이다. 그러나 이 모는 불화가 잦지 않았으며, 사건이 나기 2주 전에는 온 가족이 장모를 모시고 괌에 여행을 다녀왔다고 주장했다.

집을 수사하던 수사관들은 남편의 체육복 바지에서 쪽지를 발견했다. 여기에는 수많은 영화제목이 적혀 있었는데, 《위험한 독신녀》를 비롯해서 살인 사건을 다룬 영화가 있었다. 《위험한 독신녀》에서는 여자 범인이 남자를 죽여 욕조에 시신을 담그는 장면이 등장한다. 수사관은 남편에게 그 영화를 본 적이 있는지 물어보았지만, 남편은 부인했다. 그러나 경찰은 남편이 1994년 2월 28일에 그 비디오를 빌려, 3월 2일에 반납한 사실을 알아냈다. 그리고 같은 해 10월 26일에도 다른 대여점에서 빌린 후, 한참 뒤에야 연체료를 물고 반납한 정황이 드러났다.

범인으로 지목된 남편은 1996년 2월, 1심에서 사형선고를 받았다. 그러나 1996년 9월, 2심에서는 증거 불충분을 이유로 무죄판결을 받았다. 그러자 1998년 11월 13일, 대법원은 유죄취지로 파기환송(기존 판결을 파기한 경우에 다시 심판시키기 위해 돌려보내는 일)했다. 대법원이 유죄취지로 파기환송하자 남편은 이런 말을 남겼다.[26]

"내 목숨이 필요하다면 가져가라고 하세요. 죽으라면 그
냥 죽겠어요."

파기환송심 때 피고인 측은 스위스의 저명한 법과학자 토마스 크롬페처(Thomas Krompecher)를 증인으로 세웠다. 2001년 2월, 고등법원은 파기환송심에서 무죄를 선고하였고, 2003년 2월, 대법원의 재상고심에서도 최종적으로 무죄를 선고했다.

경찰은 초동수사 때 욕조 물의 온도를 재지 않아 사망시각을 추정할 수 있는 증거를 놓쳤다. 그리고 가까운 지인의 범행이라고 단정하며 다른 범인이 있을 가능성에 대한 수사도 소홀히 했다. 검사는 범인이 안방에 불을 작게 피워 놓아 지연화재를 일으켰다고 주장하기도 했다. 그러나 피고인은 전문가에게 자문을 구하고 실험도 했다.

그리고 실험해 보니 불과 몇 분 만에 큰 불로 번져 검사의 주장은 불가능하다는 것이 드러났다. 또 경비원 모르게 아파트에 들어갈 수 있다면 제3자가 범인일 수 있다. 실제로 경비원은 8시에 어떤 남자가 아파트에서 나가는 걸 보았다고 말했다. 그런데 남편은 7시에 출근한 후 8시에 아파트에 오지 않았다. 그러자 경찰은 경비원 모르게 제3자가 출입할 수는 없다고 주장했다. 하지만 현장검증 때 제3자가 출입할 수 있음이 드러났다.[27]

그 밖에도 초동수사에는 여러 문제점이 있었다.[28] 우선 경찰은 사망한 최 씨의 손톱을 자르는 등, 증거를 수집하는 데 소홀하였다. 감식할 때나 부검할 때 최 씨의 손톱을 잘라 두었더라면, 최 씨가 죽기 직전에 저항하는 과정에서 무언가를 긁게 되므로 범인이나 범행 장소를 추정할 수 있었을 것이다. 손톱에서 남편의 피부조직이 발견되었다면 이 모에게 혐의가 있음을 밝히는 증거가 될 것이고, 다른 사람의 피부조직이 발견되었다면 다른 범인의 소행임을 입증하는 증거가 되었을 것이다.

그리고 부검단계에서 여러 각도에서 시신의 사진을 찍어 두었더라면 최 씨의 시신 앞부분에 얼마큼 시반이 형성될 수 있었는지 알 수 있었을 것이고, 그랬다면 시반 형성에 대한 논쟁을 종식시킬 수 있었을 것이다. 그 밖에도 직장의 온도를 재지 않았다. 시신의 직장 온도는 사망한 직후부터 계속 내려가므로 사망시각을 추정하는 데 중요한 증거가 된다(물론 시신이 따뜻한 물에 담가져 있었다면 또 다른 변수로 작용할 수도 있었을 것이다). 또 경찰은 최 씨의 목 부위에 묻은 물질을 채취하는 데 소홀하였는데, 목에 묻은 물질을 분석하지 않았기 때문에 범행에 사용된 끈의 성분을 분석할 수 없었다.

이 사건은 법의학, 검시, 초동수사, 사형제도에 대한 많은 논란을 불러일으켰다. 그리고 초동수사와 범죄학에 대해 반성을 하는 계기가 되었다. 언론은 이 사건을 '한국판 O. J. 심슨 사건(미식축구 선수인 O. J. 심슨은 전처 니콜 브라운과 로널드 골드만을 살해한 혐의로 재판을 받았으나 무죄를 받았다)'이라 불렀다. 두 사건은 남편과 전남편이 범인으로 기소되었다가 치열한 법정공방 끝에 무죄로 풀려났다는 점이 비슷하다. 그리고 직접증거가 없고 정황증거만 있었으며, 경찰의 초동수사가 미흡했다는 점도 유사하다. 또 이 사건에서는 피고인이 《위험한 독신녀》라는 비디오를 두 차례 빌려 본 것으로 조사되었고, O. J. 심슨 사건에서는 심슨이 《잠수부》란 영화에서 주연으로 뛰었는데, 이렇게 용의자가 살인에 필요한 정보를 습득할 수 있었다는 점도 비슷하다.

　　그러나 심슨 사건은 배심재판에서 한 번의 재판으로 사건이 종결된 반면, 이 사건에서는 판사가 유·무죄를 결정했고, 반복해서 재판했으며, 유·무죄가 갈렸다. 그리고 이 사건에서는 한 명의 변호인이 7년 8개월 동안 기나긴 재판을 변론했지만, 심슨 사건에서는 10여 명의 변호인으로 구성된 변호인단이 변론했다는 점도 다르다. 이 사건은 과학수사, 정황증거, 변호인의 역할 등에 대해 많은 생각을 하게 한다.[29]

O. J. 심슨 사건

1994년 6월 12일, 미국 로스앤젤레스의 부촌인 브렌트우드에 있는 한 주택 앞에서 참혹하게 살해당한 두 남녀의 시체가 발견되었다. 죽은 여인은 미식축구 선수 O. J. 심슨의 전처였던 니콜 브라운(Nicole Brown)이었고, 젊은 남자는 레스토랑 직원인 로널드 골드먼(Ronald Goldman)이었다. 사건 직후 경찰은 심슨을 유력한 용의자로 보았다. 경찰청에 출두하기로 한 날 심슨은 편지를 남기고 친구와 함께 도주하다가 체포되었으며, 심슨이 도주하다가 체포되는 장면은 TV로 생생하게 보도되었다.

심슨은 '드림팀'이라 불리는 변호사들을 선임했고, 검사 역시 막대한 검사진을 구성해서 재판에 임했다. 그런데 재판이 거듭될수록 수사에 여러 허점이 있음이 드러났고, 경찰이 범행 현장에서 수집한 장갑은 심슨에게 맞지 않았다. 그래서 형사 배심은 '합리적 의심'이라는 관점에 따라 심슨이 무죄라고 판결했다.

그러나 민사소송의 양상은 이와 달랐다. 민사소송에서 심슨은 증인으로 나와서 사건 당일의 알리바이와 물적 증거에 대해 제대로 설명하지 못했다. 게다가 사건 현장에서 발견된 신발과 똑같은 신발을 신은 사진이 증거로 제출되었다. 심슨은 형사재판에서는 무죄를 선고받아 자유의 몸이 되었지만 민사소송에서는 거액의 배상금을 지급하라는 판결을 받았다. 이런 상반된 결과를 두고 '과

『합리적 의심』, 『O. J. 심슨 사건의 진실』 표지

연 진실은 무엇인가?' 하는 의문이 제기된다. 심슨 사건의 형사재판 과정은 필자가 쓴 『합리적 의심』에서, 민사소송과 심슨의 여정에 대해선 『O. J. 심슨 사건의 진실』에서 자세히 다루고 있다.

상반된 진실
이태원 살인 사건

1997년 4월 3일 밤 10시, 서울 용산구 이태원동에 있는 버거킹의 화장실에서 대학생 조중필 군이 칼로 습격당해 살해되었다. 밤 10시 이 건물 4층의 클럽에서 10대 무리가 술과 콜라를 마시고 있었고 미국 국적의 아서 패터슨(Authur John Patterson, 남, 당시 17세)과 에드워드 리(Edward Lee, 남, 당시 18세)는 그 일행이었다. 둘은 미군 내 학교에 다니면서 친구가 됐다. 패터슨은 미국인 아버지와 한국인 어머니 사이에서 태어났고, 리는 미국에서 자란 재미교포다.

그 시각, 여자친구를 데려다주던 조 군은 버거킹에 들렀고, 여자친구는 감자튀김을 먹으면서 화장실에 간 조 군을 기다리고 있었다. 그런데 얼마 뒤 입을 막고 화장실에서 뛰쳐나오는 중년 남자가 보였고, 뒤따라간 남자 종업원의 표정도 일그러져 있었다. 화장실에 달려간 여자친구는 119를 불러달라고 소리질렀다. 조 군은 소변기 옆 귀퉁이에 머리를 박은 채 쓰러져 있었고 오른쪽 목 세 곳, 왼쪽 목 네 곳, 가슴 두 곳, 모두 아홉 군데가 찔려 있었다. 화장실은 온통 피로 물들어 있었다.

다음 날, 미8군 헌병대로 익명의 제보전화가 걸려 왔다. 패터슨이 이태원의 햄버거 가게에서 사람을 죽였다는 내용이었다. 미군 범죄수사대(CID)는 패터슨이 친구들에게 칼을 자랑하고 다녔고, 다혈질에 공격적이고 폭력적인 성격이라는 주변 지인의 진술을 확보했다. 그리고 햄버거를 먹던 패터슨이 휴대용 칼을 꺼내들며 자랑했다는 진술도 확보했다. CID는 바로 패터슨을 체포해서 조사했고, 패터슨이 범행을 저질렀다고 볼 여지가 있는 사실을 일부 확인했다.

한편 패터슨이 한국 경찰에 인도되는 장면이 보도될 때 한국계 미국인인 리의 아버지 역시 TV를 보고 있었다. 패터슨이 아들 리의 친구였기에 리의 아버지는 아들을 불러 추궁했고, 패터슨과 같이 사건 현장에 있다는 자백을 받아냈다. 리의 아버지는 변호사와 상의한 뒤 리 스스로 검찰에 출두해서 자수하게 했다. 조사를 받던 패터슨과 리는 서로 상대가 범인이고 자신은 목격자라는 상반된 이야기를 꺼내놓았다. 리는 키 183cm에 몸무게는 105kg으로 이따금 흥분했고, 167cm의 패터슨은 차분했다. 그리고 사망한 조 군의 키는 176cm였다.[30]

경찰과 CID는 패터슨의 온몸이 피투성이였고, 살해한 방식이 갱단과 비슷하다는 사실 등으로 미루어 손에 갱단 마크가 있던 패터슨이 범인이라고 추정했다. 그러나 검찰은 부검의 의견과 패터슨과 리의 친구의 진술을 토대로 리를 살인범으로 보아 기소했다. 부검의는 목에 난 상처가 위에서 아래로 향하고 있고, 방어흔이 없는 걸로 보아 범인은 조 군보다 키가 크고 힘이 세다고 보았다. 짧은 시간 거칠게 살인한 것으로 보아 정신 이상자 아니면 환각상태였다고 보았다. 이와 관련해서 패터슨은 리가 마약을 복용하며, 팔기까지 한다고 주장했다.

폴리그래프도 리에게 불리하게 나왔다. 한국말이 서툰 리는 통역을 요구했지만 받아들여지지 않았고, 포승줄에 묶인 상태에서 조사받았다. 반면 패터슨은 한국말이 유창해서 편안한 상태에서 조사받았다. 서울지방법원은 검사의 공소사실을 인정해 리에 대하여 무기징역을, 서울고등법원에서는 징역 20년을 선고했다. 그러나 1998년 4월 20일 대법원은 증거 불충분을 이유로 무죄를 선고하면서 파기환송하였다. 그해 9월 30일, 서울고등법원과 1999년 9월 3일, 재상고심에서 무죄 확정판결

을 선고했다. 패터슨의 진술에 신빙성이 없어 리의 단독 범행
이라고 보기엔 증거가 불충분하다는 이유였다.

애드워드 주장
(손을 씻다가 거울로 사건을 목격함)

패터슨 주장
(세면대 옆에 서 있다가 사건을 목격함)

한편 패터슨은 1998년 1월 26일, 서울고등법원에서 증
거인멸 등의 혐의로 징역 장기 1년 6월, 단기 1년(소년범의 경우
성인과 다르게 단기의 형을 초과한 이후에는 수감생활 태도 등을 고려하여 석
방될 수 있다)의 형을 선고받고 복역하다가 그해 8월 15일 광복
절 특사로 풀려났다. 리가 무죄로 석방되자 조 군의 유족은 패

터슨을 살인죄로 고소했다. 그런데 검찰이 출국금지 요청을 갱신하다가 그만 연장하지 않은 틈을 타서 패터슨은 한국을 떠나버렸다. 유족은 국가를 상대로 손해배상소송을 제기했고, 서울고등법원은 유족들에게 3400만 원을 배상하라고 판결하였다. 그러나 대법원은 패터슨이 '유죄 확정판결을 받지 않았고, 조사를 아예 안 하겠다고 한 것이 아니다'라는 취지로 원고 패소 판결을 내렸다. 그러나 패터슨에 대한 조사는 이루어지지 않았다. 결국 유족들은 사실상 진범을 밝힐 기회를 잃었다는 이유로 일부 배상을 받게 되었다.

이후 2009년에 《이태원 살인 사건》이란 영화가 개봉되었고, SBS도 《그것이 알고 싶다》에서 여러 차례 이 사건을 다뤘다. 그러자 검찰은 2009년 12월 15일, 법무부에 패터슨에 대한 범죄인 인도 요청을 했다. 한편 MBC 뉴스에 따르면, 패터슨의 지인 최 씨는 미국 로스앤젤레스에서 MBC 기자와 인터뷰를 갖고 "패터슨이 '내가 조 씨를 죽였다'고 말하는 것을 분명히 들었다"고 증언했다. 최 씨는 "패터슨에게 '한국 정부에 의해 형사처벌을 받을 수 있다'고 경고했더니 '웃기지 마라. 한국 사법당국은 순 엉터리다' 하고 비웃었다"고 덧붙였다.[31] 공소시효가 만료되기 전인 2011년 12월 22일, 검찰은 패터슨을 살인죄로 기소했다. 그리고 미국 연방법원은 2012년 10월, 패터슨을 한국으로 송환하라고 결정했다.[32] 결국 2015년 9월 23일, 패터슨은 한국으로 송환되었다.

2015년 10월 18일에 서울중앙지방법원에서 재판이 진행되었고, 패터슨은 리가 조 군을 살해했다고 주장했다. 11월 4일, 증인으로 나온 리는 패터슨이 범인이라고 증언했다. 그리고 11월 19일, 검찰은 사건을 조사했던 수사관과 조 군의 여자친구를 증인으로 신문했다. 2016년 1월 29일, 법원은 패터슨을 유죄라 판단하고 살인죄에 대해 징역 20년을 선고했다.[33]

패터슨은 불복하여 항소하였고, 2심인 서울고등법원에서 자신은 억울한 희생양이라고 주장했다. 9월 17일, 패터슨의 항소는 기각되었다.[34] 법원은 세면대 오른쪽과 벽에 묻은 혈흔을 봤을 때 자신이 세면대 오른쪽과 벽에 기대어 서 있던 중 리가 범행했다는 패터슨의 주장은 신빙성이 없다고 보았다.

그리고 2017년 1월 25일, 대법원에서 20년 형이 확정되었다. 법원은 패터슨이 살해했음이 합리적 의심이 없도록 충분히 입증되었고, 20년의 형이 무겁다고 볼 수 없다고 판단했다. 결국 조 군을 죽인 살인범은 패터슨과 리, 둘 중 하나인데, 검찰이 덩치가 크다는 이유로 리를 범인으로 지목해서 이런 사태에 이른 것이다. 조 군이 범인으로부터 다른 부위를 공격당한 뒤 허리를 숙이거나 무릎을 꿇은 상황에서 키 작은 범인이 조

군의 뒷목을 찔렀을 가능성을 간과한 결과라 할 수 있다.[35]

이태원 살인 사건 일지

1997년 4월 3일	서울 이태원 버거킹 화장실에서 조중필 군(당시 22세)이 흉기에 찔려 살해됨. 아서 존 패터슨이 유력 용의자로 지목됨.
1997년 4월 26일	서울중앙지검, 당시 현장에 함께 있던 패터슨의 친구 에드워드 리의 단독 범행으로 결론을 내고 살인 혐의로 구속기소, 패터슨은 불법무기 소지죄 등으로 구속기소.
1998년 1월 26일	서울고법, 리에게 징역 20년, 패터슨에게 장기 1년 6월, 단기 1년 징역형 선고.
1998년 4월 20일	대법원은 리에 대한 유죄판결 파기함.
1998년 8월 15일	패터슨, 광복절 사면으로 석방됨.
1998년 9월	서울고법, 리에 대해 무죄를 선고함.
1999년 8월	패터슨, 미국으로 도주함.
2009년 10월	법무부, 미국 법무부와 공조하여 패터슨에 대하여 범죄인 인도를 청구함.
2011년 5월	패터슨, 미국에서 체포되어 범죄인 인도 재판에 회부됨.
2011년 12월 22일	서울중앙지검, 살인 혐의로 패터슨을 기소함.
2012년 10월	미국 법원, 범죄인 인도 허가 결정, 이후 패터슨은 인신보호청원을 제기함.
2015년 9월 19일	패터슨에 대한 국내 인도 확정됨.
2015년 9월 23일	패터슨, 한국으로 송환됨.

2015년 10월 8일	서울중앙지법, 패터슨에 대한 살인 재판을 함.
2016년 1월 15일	검찰, 법정형 상한인 징역 20년 구형함.
2016년 1월 29일	1심법원 패터슨 유죄 인정, 징역 20년을 선고함.
2016년 9월 23일	항소 기각됨.
2017년 1월 25일	대법원에서 20년 형이 확정됨.

내면의 악마
정두영 연쇄살인 사건

　　　　정두영은 부산에서 3남 1녀 중 막내로 태어났는데 두 살 때 아버지가 숨지고 어머니가 재혼하자 삼촌네 집에 맡겨졌다. 그러나 다섯 살 때 삼촌마저 조카들을 감당하지 못해 고아원에 보내 버렸다. 그리고 일곱 살 때 어머니가 고아원으로 찾아와 의붓아버지의 집으로 데려갔지만 몇 달이 지나지 않아 양육에 부담을 느꼈는지 도로 고아원에 보내졌다. 정두영은 작은 체구로 인해 고아원에서 놀림과 괴롭힘을 많이 당했다. 이런 상황에서 정두영은 결국 자신을 보호해 줄 이는 아무도 없고, 살아남으려면 폭력을 써야 한다는 걸 체득했다.

　　　　불우한 어린 시절을 보낸 정두영은 체포된 후, 남들처

럼 평범한 가정을 갖고 싶었다고 진술했다. 실제로 그는 절도와 강도로 모은 돈을 쓰지 않고 모았고, 통장에는 1억 3천만 원이란 돈이 들어 있었다. 10억을 벌어 결혼도 하고 PC방도 차리고, 아파트도 장만할 계획이었다고 말했다.[36]

18살이던 1986년 5월, 정두영은 부산의 한 초등학교에 돈을 훔치러 들어갔다가, 마주친 교사를 흉기로 찌르고 달아났다. 한 달 뒤에는 불심검문하는 방범대원을 칼로 찔러 살해해서 11년 동안 수감생활을 했다. 교도소에서는 말썽을 일으키지 않아 모범수란 얘기를 들었고, 수감생활 동안 고졸 검정고시에도 합격했다. 정두영은 1998년 6월에 출소했지만, 그 직후 절도죄로 체포되어 6개월 동안 다시 복역하고 1999년 3월에 출소했다.[37]

1999년 6월 2일, 정두영은 부산 부유층 주택가에서 혼자 집을 지키던 가정부의 머리와 얼굴 부위가 거의 으스러질 정도로 잔혹하게 가격한 후 사망에 이르게 하였다. 당시 피해자의 집이 부산고등검찰청 검사장 관사의 옆집이라는 사실이 화제가 되었으나, 후일 우연한 일로 밝혀졌다. 이어서 1999년 9월 15일, 부산 서구 동대신동의 고급 빌라촌에서 금품을 훔치다가 역시 가정부를 잔혹하게 폭행하여 사망에 이르게 하였다. 1999년 10월 21일에는 울산의 고급 주택에서 여성을 둔기로 수십 차례 강타하여 사망에 이르게 하였다. 2000년 3월 11일, 부산 서대신동 고급 주택에서 두 명의 여인을 야구방망이로 때려 살해하려 했으나 한 명의 여인이 아이가 있다며 살려 달라고 호소하자 그녀에게는 중상만 입히고 "아기 잘 키워, 신고하면 죽인다"라는 말과 함께 이불을 덮어씌운 후 살려 주었다.

경찰은 이 여인의 진술을 토대로 2~30대 나이에 키가 작고 왜소한 용의자(키 163cm, 몸무게 58kg)의 몽타주를 작성해서 전국에 수배했다. 한편 정두영은 2000년 4월 8일, 부산 동래구에 위치한 정진태 회장(남, 당시 76세)의 집에서 정 회장과 가정부를 칼로 찔러 살해하고, 정 회장의 친척인 할머니를 주먹과 발로 마구 때려 실신시키고는 사망한 것으로 착각해서 현금과 수표 2430만 원을 훔쳐 달아났다. 할머니는 출동한 경찰에 의해 병원에 응급 후송되어 목숨을 건졌고, 이후 충남 천안에서 잡힌 정두영을 직접 대면해 그가 범인이라고 지목함으로써 연쇄살인 사건의 범행 일체에 대한 정두영의 자백을 이끌어 냈다.[38]

정두영은 2000년 4월 12일, 천안에서 인질극을 벌이다가 검거되었다. 그때까지 경찰은 정두영을 단순 인질극 범인으로 수사하고 있었다. 그런데 그날 밤 KBS의 《공개수배 사건 25시》에서 다루고 있던 부산 서대신동 사건의 몽타주로 공개수배된 인상착의가 정두영과 비슷하자 수사관들은 눈치를 채기 시작했다. 정두영 역시 TV를 똑바로 보지 못하고 고개를 숙이고 있다가 자신이 범인이라고 자백했다.

2000년 7월 21일, 부산지방법원은 강도살인 등의 혐의로 구속기소된 정두영에게 유죄를 모두 인정하여 사형을 선고했다. 그리고 장물취득 등의 혐의로 구속기소된 공범들에게는 징역 1년 6개월을 선고했다. 피고인들은 불복하여 부산고등법원에 항소장을 제출했다. 2000년 11월 30일, 항소심인 부산고등법원은 이들에 대한 선고 공판에서 항소를 모두 기각하고 정두영에게 사형, 나머지 두 명의 공범들에게 징역 1년 6개월을 선고한 원심판결을 유지했다. 정두영은 상고를 포기하여 사형이 확정되었고 이후 대전 교도소에 복역하였다.

정두영 사건은 사람들의 뇌리에서 잊혀 가고 있었다. 그런데 그가 탈옥을 시도하자 다시 화제가 되었다. 2016년 7월 하순, 정두영은 탈옥하기로 마음먹은 뒤, 일하던 위탁작업장에서 도주에 사용할 사다리를 만들기 위해 플라스틱 파이프 20개와 연결고리 30개를 모아 두었다. 8월 5일에 4m가량의 사다리를 만든 뒤 작업장에 숨겼고, 8월 8일에는 작업장에 도착해 작업 준비로 어수선한 틈을 타서 미리 만들어 놓은 사다리로 3.1m 높이의 보조 울타리를 넘었다. 이어 3.3m 높이의 주 울타리 위에 올라가서 사다리를 끌어 올리려다가 사다리와 함께 떨어져 교도관에게 발각되면서 검거되었다.[39] 이 사건으로 대전지방법원은 도주미수죄로 기소된 정두영에게 징역 10월을 선고했다.[40]

정두영은 불심검문에 대비해서 빈손으로 다니다가 낮 시간에 부유층 집에 들어가 부녀자든 노인이든 가리지 않고 살해했다. 부녀자를 안방으로 끌고 들어가 야구방망이로 마구 때려 죽이는 등, 그 수법도 잔혹했다. 결국 1999년 6월부터 2000년 4월까지 부산·경남·대전·천안 등지에서 23건의 강도, 살인을 저지르며 9명을 살해하고 8명에게 중상을 입혔다. "왜 그렇게 잔혹하게 죽였느냐?"는 취재진의 질문에 "다급해서 그랬는데 어쩌면 내 안에 악마가 있는지도 모르겠다"고 대답했다.[41]

정두영이 저지른 범죄 행각은 '불우한 환경과 사회적 소외감'이 불러일으킨 것으로 보기에는 지나치게 잔혹하다. 정두영 동거녀의 부모는, 정두영이 술과 담배도 안 하고 말수가 적고, 매너가 있어 성실한 사람으로 알고 있었다고 말했다. 그렇다면 정두영은 지킬과 하이드란 양면성을 가지면서 평소에는 악의 본성을 철저히 숨기고 산 것이다. 전문가는 "아마 그는 태어날 때부터 선천적으로 공격성, 잔인성을 가진 성격 장애자로 보이며, 특히 고아원에서 자라면서 사회에 대한 이유 없는 저항감을 품게 된 것 같다"며 "결국 선천적 요인과 후천적 환경이

결합되어 살인마로 변한 것 같다"고 진단했다.[42] 연쇄살인범 유영철은 검거 당시 검찰 조사 때 "2000년 강간죄를 저질러 교도소에 수감되어 있을 당시 정두영 연쇄살인 사건에 대해 상세하게 보도한 월간지를 보고 범행에 착안하게 됐다"고 진술해서 파장을 일으켰다.[43]

보복운전이 빚은 참사
삼척 신혼부부 살인 사건

최근에는 로드 레이지(road rage)라는 말과 함께 보복운전의 위험성에 대한 이야기가 많이 들려온다. 그러나 로드 레이지와 보복운전이 최근에 생긴 현상은 아니다. 1999년 1월 19일에 일어났던 이 사건이 바로 보복운전이 빚은 참화이다. 당시만 해도 강원도 삼척은 오지였다. 포장이 되지 않은 도로가 많았고, 포장된 도로도 구불구불한 길이 많았다.

피해자인 신랑 김 씨(당시 28세)와 신부 장 씨(당시 27세)는 7년 전에 동거를 시작했고, 딸 둘(당시 7세, 당시 2세)을 두었다. 둘은 형편이 어려워 결혼식도 하지 않고 살다가 사건이 나기 불과 이틀 전인 1월 17일, 전주에서 결혼식을 올렸다. 그러나 여전히 해외로 신혼여행을 갈 형편은 되지 않았기에 국도를 이용해서 지방을 돌며 여행하고 있었다.

　　그날 김 씨는 그랜저 승용차를 렌트해서 외삼촌 댁으로 향해 가느라 삼척리 노곡면 문의재 능선의 비포장 언덕길을 달리고 있었고, 한껏 기분을 내며 속도를 내고 있었다.[44] 한편 정형구(남, 당시 36세)와 한 모(남, 당시 33세)도 꿩 사냥을 하러 그 길을 가고 있었다. 이들은 3년 전 수원에 있는 한 나이트클럽에서 지배인과 종업원 사이로 만났다. 그리고 정형구가 개인 사업을 하느라 독립한 후에도 이들은 계속 형 동생 사이로 지내왔다.

　　사건 당일에는 사업이 잘 풀리지 않은 정형구가 스트레스도 풀겸 한 모와 꿩 사냥을 가고 있던 중이었다. 후배 한 모가 엑센트 승용차를 운전했고, 바람을 쐬려고 창문을 열자 흙먼지가 창문으로 들어왔다. 피해자 김 씨는 아마 능선을 느리게 오르면서 흙먼지를 날리는 엑센트를 뒤따라가다 참다 못해 앞지르기를 한 것으로 보인다.

　　그러자 정형구와 한 모는 자존심이 상했다. 대형차를 모는 돈 많은 젊은 부부가 소형차를 운전하는 자신들을 업신여긴 것으로 오해한 것이다. 그래서 정형구 일행은 그랜저 승용차를 앞질렀고, 창문을 내려 욕설을 퍼부었다. 그러자 신혼부부는 정형구 일행을 벗어나려고 다시 추월했고, 정형구 일행도 그랜저 승용차를 추월하는 등, 3분가량 동안 서로가 추월하기를 서너 차례나 반복했다고 한다.

결국 그렇게 약 1㎞가량의 구간에서 추월을 반복하던 두 차량에 탄 사람들은 급기야 창문을 열고 서로 욕설을 하며 감정이 극에 다다랐다. 약이 바짝 오른 정형구는 차 뒷좌석으로 몸을 틀어 이탈리아제 베넬리 엽총을 꺼내 들었다. 이 총은 주로 멧돼지나 노루를 사냥하는 데 쓰인다. 정형구 일행은 전속력으로 달려 그랜저 승용차에 바짝 붙은 다음, 조수석 창문으로 몸을 내밀어 운전석을 향해 2발을 쐈다.

그랜저 승용차는 지그재그로 주행하며 30여 미터를 가다가 멈췄다. 한 발은 그랜저 승용차의 트렁크에, 다른 한 발은 뒷좌석 차유리를 깨고 들어가 김 씨의 뒤통수에 맞은 상태였다. 김 씨는 뒤통수에 총알이 박힌 상태에서도 부인의 안전을 위해 초인적인 힘을 발휘하여 정신을 잃기 전에 브레이크 페달을 밟아 차를 안전하게 정지시켰던 것이다.

정형구가 그랜저 승용차에 다가가 보니 차량 유리는 박살이 나 있었고, 김 씨는 핸들에 머리를 기댄 채 쓰러져 있었다. 장 씨는 남편의 머리를 끌어안고 울부짖었다. "아저씨! 우리 남편 좀 살려 줘요! 병원에 좀 데려다주세요!" 남편을 살려 달라는 장 씨의 호소에도 불구하고 정형구는 총을 다시 장전해서 장 씨의 머리를 향해 총을 쏘았다. 총알은 장 씨의 좌측 턱에 맞았다.

이때 승용차를 운전하면서 사건 현장을 지나가던 SK도

사건 현장인 문의재 능선

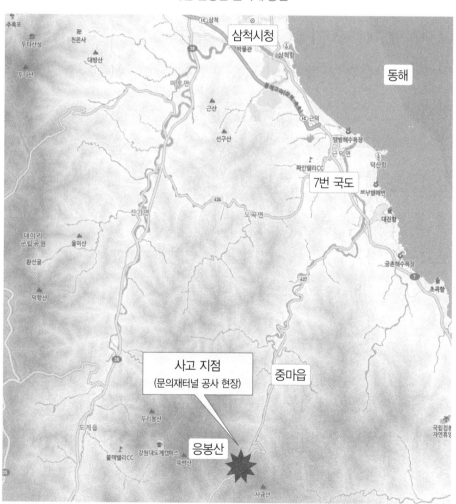

출처: 네이버지도

로공사의 현장관리책임자인 김 씨(남, 당시 42세)의 차량이 눈에 띄자 정형구는 그쪽으로도 총을 쐈지만, 다행히 김 씨의 머리에 상처만 입히는 것으로 끝났다. 김 씨는 머리에 중상을 입고 필사적으로 도망쳐 목숨을 건질 수 있었다. 김 씨는 언론과의 인터뷰에서 "여자 잡고 있던 사람이 하나 있었고, 총 들고 서 있던 사람이 하나 있었다"고 말했다.[45] 정형구 일행은 부부를 그랜저에 태우고 가방과 옷을 뒤져 손지갑과 현금 80만 원을 턴 뒤 손지갑과 가방을 인근 도로변에 버려 강도 사건으로 위장했다.

정형구는 나중에 경찰에서 "사업 도산으로 수원, 대전, 강원도를 전전하는 생활을 하느라 정신적으로 힘든 상태였는데, 좁은 길에서 흙먼지를 일으키며 추월하는 그랜저 승용차를 보고 순간적으로 울분을 참지 못해 범행을 저질렀다"고 진술했다. 경찰은 수사 초기에 어려움을 겪었다. 당시는 CCTV나 블랙박스가 거의 없었기 때문이다.

경찰은 사건 현장에서 탄피 8개를 수거했다. 그러나 피해자들의 승용차에서는 지문이 나오지 않았고, 연고지를 조사하였으나 아무런 원한 관계나 채무 관계도 나타나지 않았다.[46] 그래서 사건은 점차 미궁 속으로 빠져들었고, KBS의 《사건 25시》에서 공개수배를 하기에 이르렀다. 경찰은 현장의 참혹함

으로 미루어 원한 관계나 치정 관계에 의한 살인일 거라고 추정했다.[47]

정형구는 범행에 사용한 베넬리 엽총을 대전 서부경찰서에 영치시키고 수원에서 생필품 도소매 유통업체를 세워 새로운 인생을 출발하고 있었다. 그러나 한 모는 죄책감에 시달렸고 결국 지인에게 사실을 털어놓았다. 한 모의 자백이 경찰 첩보망에 걸려 수사가 본격화되었고, 범행한 지 6개월 만인 7월 6일, 수원에 있는 한 호텔 앞에서 두 사람은 체포되었다. 정형구는 수사기관에서 "신혼부부가 탄 차량이 먼지를 일으키며 추월해 화가 나 살해했다"고 범행 동기를 밝혔다.

1심법원은 신혼부부를 엽총으로 살해한 혐의로 구속기소된 정형구에 대하여 살인죄를 적용해 사형을 선고했다. 법원은 정형구의 살인 행위를 방조한 혐의로 기소된 한 모에게도 징역 5년을 선고했다. 항소심인 서울고등법원에서도 이러한 1심 판결이 그대로 유지되었다.

재판부는 "사소한 이유로 두 명을 살해하고 목격자에게까지 총을 쏘아 중상을 입히게 한 행위에 대해 사형 외에는 적용할 수 있는 형이 없다"고 밝혔다. 상고심인 대법원 역시 원심 판결을 확정하였다. 2002년에 김 씨의 두 자매가 자신들의 부모를 공기총으로 쏴 숨지게 한 정형구, 한 모를 상대로 한 손해

배상청구 소송에서 법원은 원고들에게 1억 원씩 지급하라는 원고 승소 판결을 내렸다.[48] 먼지를 일으키며 추월한 고급차에 대한 잘못된 반감과 한순간의 화가 새로운 인생을 막 시작하려는 젊은 신혼부부의 소중한 목숨을 앗아가 버린 참혹한 결과를 낳은 것이다.[49]

5장

소외된 사람들

새로운 밀레니엄과 21세기는 2001년부터 시작되었다. 한국은 고도 성장시기를 마감했고, 세계금융위기의 직격탄을 받았다. 이 시기는 사회가 안정화됨에 따라 행위자의 사적 요소가 강해지던 시기였다.

_____2000년대란 2000년에서 2009년까지를 일컫는 말이다. 새로운 밀레니엄과 21세기는 2001년부터 시작되었다. 그러나 밀레니엄을 맞이했다는 기대감도 무색하게 2001년에는 9.11 테러 사건이 발생하여 세계질서에 중대한 변화가 있을 것임을 예고했다. 이 시기에 한국은 고도 성장시기를 마감했고, 2008년에 세계금융위기의 직격탄을 받아, 이후 경제성장은 크게 위축되었다. 반면 1990년대부터 시작된 인터넷과 핸드폰은 한국인의 생활에 차츰 자리 잡기 시작했다. 2003년에는 김대중 정부에 이어 노무현 정부가 출범하여, 민주당 정권이 계속 집권했다. 2000년 6월 15일, 남북정상회담이 이루어졌고 개성공단, 금강산 관광을 통한 남북 간의 교류가 있었다.

이러한 사회 분위기 속에서 2003년에 대구 지하철 참사 사건이 발생했다. 범인은 뇌졸중으로 쓰러져 자신의 신변을 비관하고 사회를 향해 불만을 퍼트린 김대한이었다. 또 유영철은 2003년부터 2004년까지 서울 일대에서 연쇄살인을 저질렀다. 유영철은 교도소에서 아내로부터 이혼을 통보받고 여성에 대한 극도의 혐오감으로 살인을 저지르게 되었다고 말했다. 2004년부터 2006년까지 유영철은 서울과 경기 일대에서 25건의 살인 사건을 저질렀다. 그리고 정남규 사건은 개인이 불특정 다수에게 분노를 표출했다는 점에서 '묻지마 범죄'의 대표적인 사례로 꼽힌다.

2006년에는 주한 프랑스인이 많이 사는 서래마을에서 영아가 살해된 사건이 발생했다. 범인은 바로 이 영아들의 어머니인 베로니크로 밝혀졌다. 베로니크는 '임신거부증'이라는 정신병으로 인해 범행하였다. 2008년에는 저소득 계층이 거주하는 한 고시원에서 13명의 사상자가 발생한 방화살인 사건이 발생했다. 이 사건은 소외로 인해 외톨이가 된 사람이 사회에 대해 불만을 키울 때 불러올 수 있는 참화가 어떤 것인지 여실히 보여 준다.

또 2016년에 무죄를 선고받은 최 군이 2000년에 발생한 약촌오거리 살인 사건에서 억울하게 살인범으로 몰려 징역 15년을 선고받는 사건도 발생했다. 최 군은 허위자백으로 인해 억울한 형을 살았다. 서래마을 영아살해 사건은 과학수사의 중요성을, 약촌오거리 살인 사건은 수사에 있어서 허위자백의 위험성을 여실히 보여 준다. 이 시기는 사회가 안정화되고 민주화됨에 따라 행위자의 개인적 요소가 점차 강해지던 시기였다.

아물지 않는 고통

대구 지하철 참사 사건

2014년에 벌어진 세월호 침몰 사건 당시에 대리 선장이었던 이준석은 승객들을 버리고 탈출하여 국민적 비난을 받았다. 이후 이준석은 부작위범으로서는 최초로 살인죄가 적용되었고 법원은 이준석에게 무기징역을 선고했다. 세월호 사건은 막을 수 있었던 참사라는 점에서 많은 아쉬움을 남겼다. 그것은 2003년에 벌어진 대구 지하철 참사도 마찬가지였다.

운전업에 종사하던 김대한(남, 56세)은 2001년 4월, 뇌졸중으로 쓰러져 병원에서 치료받다가 신체장애와 지적 장애가 왔다. 그는 이것이 의료사고라고 주장하였고, 이후 우울증도 찾아왔다. 그러자 김대한은 자신의 처지를 수시로 비관하면서 병원 의사와 간호사에게 폭력을 휘두르고 분노를 표출했다고 한다.

2003년 2월 18일 오전 9시 53분, 안심역 방면으로 진행하던 대구 지하철 전동차 1079호 전동차에 김대한이 페트병 2개를 들고 타 경로석에 앉았다. 그런데 병에서 휘발유 냄새가 새어 나오자, 승객들은 그를 흘끔거리며 쳐다보았다. 그러자 김대한은 휴대용 라이터를 꺼내더니 켜고 끄기를 반복했다고 한다. 이윽고 1079호 전동차가 중앙로역에 도착해서 멈춰 섰다. 그때 김대한의 옆에 있던 승객이 "뭐 하시는 겁니까?" "위험합니다" 하고 말하자 김대한은 기다렸다는 듯, 병에 든 휘발유를 바닥에 쏟아붓고 불을 붙였다. 순간 객차 안에 화염이 솟구쳐 올랐고, 당황한 승객들은 비명소리를 지르며 전동차를 빠져나가기 시작했다. 김대한도 화상을 입은 채 달아났다.

승객들이 피신하자 1079호 전동차 기관사 최 모(남, 당시 31세)는 당황했다. 그래서 그는 화재가 발생한 사실을 종합사령실에 알리지 않은 채 기관실에서 나와 피신했다(1차 과실). 기관사는 승객과 달리 직책에 따른 의무가 있다. 본부 통제실에 보고해서 후속 열차가 진입하지 않도록 하고, 승객들이 신속하게 대피하도록 조치할 의무가 있는 것이다. 그리고 방송으로 화재가 발생한 사실을 알릴 의무도 있었다. 아마 당시 기관사는 과

로한 데다 위기상황에 대한 교육훈련을 제대로 받지 않아 적절하게 대처하지 못했던 것으로 보인다. 종합사령실에 경보램프가 울렸지만, 사령은 기관사가 보고하지 않았으므로 경보기가 오작동한 것으로 판단했다(2차 과실). 다행히 당시 1079호 전동차는 중앙로역에 정차하고 있어 많은 승객들은 열린 출입문을 통해 대피할 수 있었다.

1080호 전동차는 중앙로역에 정차한 1079호 전동차에 화재가 발생한 사실을 모르고 1079호 전동차가 서 있는 반대편 노선을 통해 중앙로역으로 들어섰다. 1080호 기관사 최 모(남, 당시 37세)는 1079호 전동차에 화염이 치솟는 걸 보고 1079호에 연락을 시도했으나 응답이 없었다. 또 종합사령실에 보고하였으나 사령은 기다리라고 지시했다. 뒤늦게 화재가 발생한 사실을 알게 된 사령은 1080호 기관사에게 중앙로역을 떠나라고 지시했다. 그러나 그때는 이미 불길이 1080호 기관실과 연결된 전력 공급선을 녹여 버린 뒤였다.

이윽고 1080호 전동차 안은 칠흑 같은 어둠에 휩싸였다. 사령은 1080호 전동차 기관사 최 모에게 모든 객차 출입문을 열고 승객의 피난을 도우라고 지시했다. 그러나 눈앞에 화염이 들이닥치는 것을 본 최 모는 순간 기관실에 꽂혀 있는 마스터키를 빼내어 혼자 달아났다(3차 과실). 그로 인해 1080호 객차 출입문이 자동으로 닫혔고, 비상시 문을 수동으로 열 줄 아는 사람이 거의 없었기에 전동차에 타고 있던 승객들은 사실상 감금되어 버렸다. 승객들은 "문 열어!" "무슨 일이야?" 하고 외쳤다. 객실 안에 있던 승객들이 마지막으로 남긴 메시지는 온 나라를 눈물바다로 만들었다.

> "여보, 여보! 불이 나서 문이 안 열려요. 숨을 못 쉬겠어요. 살려 줘요… 여보 사랑해요, 애들 보고 싶어!"
> "지현아, 나 죽어 가고 있어. 나를 위해 기도해 줘."
> "불이 났어. 나 먼저 하늘나라 간다."
> "못 나갈 것 같아예. 저 죽기 싫어예. 어머이 애들 잘 좀 키워 주이소."
> "오늘 아침에 화내고 나와서 미안해. 진심이 아니었어. 자기야 사랑해 영원히."

방화가 발생한 1079호 전동차보다 1080호 전동차에서 훨씬 많은 사상자가 나왔다. 결국 대구도시철도 측의 위기대응의 미흡, 기관사의 직업정신 부족, 객차에 불연재를 사용하지 않은 것 등으로 인해 많은 사상자가 발생하게 된 것이다. 대구 지하철 중앙로역에는 꽉 닫힌 객차 안에 갇히거나 객차에서 탈출했지만 출구를 찾지 못해 질식하거나 산화한 이가 많았다. 결국 192명이 사망하고 148명이 중상을 입었으며, 실종된 사람이 21명에 이르는 엄청난 참극이 벌어진 것이다. 이 와중에도 1080호 객차에 타고 있던 권춘섭 씨(남, 당시 45세, 그는 철도청 공무원이었다)는 위험을 무릅쓰고 비상개폐 장치를 찾아 문을 열어 승객들을 먼저 대피시키기도 했다.[1]

대구지하철 放火 120여명 사망
어제 중앙로驛 객차 12량 불타… 140여명 부상

"대구지하철 방화", 동아일보(2003.2.19).

이 참사의 여파로 중앙로역을 포함해 명덕역부터 신천역까지 6개 역의 운행이 8개월 동안 중단되었고 전 구간의 운행이 재개될 때까지는 거의 1년이 걸렸다. 희생자 대부분은 유독가스에 의해 질식되었지만, 일부 희생자는 유해도 찾기 어려울 정도로 처참하게 불에 타 버렸다.

사고 뒤 공개된 차량 내부에는 시커먼 재와 철골만 남아 있어 당시의 참상을 잘 보여 주고 있다. 해당 기관사와 관제사, 역무원, 시설책임자 등 대구도시철도 직원 8명은 업무상 과실치사상죄로 구속되었고, 나머지 2명은 불구속으로 기소되었다. 1080호 기관사 최 모는 금고 5년의 형을, 1079호 기관사와 관제사는 금고 4년의 형을 선고받았다. 다른 직원들은 금고 1년 6월에서 3년까지의 형이나 집행유예를 선고받았다.

사고 이후 정부는 대구를 특별재난 지역으로 선포하였고, 전국 지하철의 차량과 위기대응 태세를 점검하고 개선하기 시작했다. 그리고 객실 차량의 내장재를 가연성 소재가 아닌 불연성 소재로 교체하였다. 또 객차 내 비상시 문을 여는 방법도 개방 레버를 쉽게 찾을 수 있도록 개선하였다.

방화범 김대한은 당시 화상을 입고 달아나서 북구 노원동의 한 병원에서 치료를 받다가 검거되어 구속되었다. 그가 정신이상이 있다는 주장이 있어 정신과 의사가 감정했지만 의사들은 정신이상이 아니라고 판단했다. 결국 김대한은 1심에서 사형을 선고받았다. 그러나 항소를 제기하여 2심에서는 무기징역을 선고받았다.

법원은 "자신의 삶을 비관해 불특정 다수와 같이 죽을 목적으로 지하철 전동차에 불을 지른 행위는 사형에 처해 마땅하지만 정신 심신 상태가 정상으로 볼 수 없고, 잘못을 뉘우치고 있는 데다 자신이 불을 지르지 않은 1080호 전동차에서 대다수 피해가 발생한 점을 고려해 무기징역에 처한다"고 선고이유를 밝혔다.[2] 그리고 김대한이 상고를 포기하면서 무기징역형이 확정되었다. 이후 김대한은 수감되어 복역하다가 2004년 8월 30일, 지병인 호흡곤란과 뇌졸중으로 사망했다. 김대한은 2001년 뇌졸중으로 쓰러져 오른쪽 상반신과 하반신에 모두 장애가 왔다. 심한 우울증을 겪던 그는 그로 인해 판단력이 흐려져서 방화에 이른 것으로 보인다.

형법에서는 심신상실자나 심신미약자에 대해서 형을 감경하도록 정하고 있다. 범죄인이 심신상실 혹은 미약의 상태에 있는 경우 반드시 형을 감경해야 하므로 이를 '필요적 감경'이라고 부른다. 반면 이러한 사유가 있더라도 판사의 재량으로 감경할지를 결정하는 것을 '임의적 감경'이라고 한다. 우리나라 형법은 필요적 감경이라는 태도를 취하고 있고, 독일 형법은 임의적 감경이라는 태도를 취하고 있다.[3]

그런데 이 기준에 따르면 이 사건과 같이 많은 인명을 앗아간 중대한 사건이더라도 만약 범인이 정신이상 상태가 심각하거나 심신상실자라면 처벌을 면할 수도 있다는 얘기가 된다. 그래서 중대한 사건에서 판사들은 심신상실이나 심신미약을 판단하는 데 주저하는 모습을 보일 때가 있다. 실제로 부산 여중생 납치살인 사건(2010년 부산 사상구 덕포동에서 이유리 양이 납치 살해된 사건)에서 법원은 피고인에 대하여 세 차례나 정신감정을 실시했다. 다행히(?) 이 사건에서 감정인은 김대한은 정신이상이 아니라고 판단했다. 다만 2심법원은 김대한이 정신질환을 앓아 온 전력이 있으므로 그 사정을 참작해서 무기징역형으로 감형한 것으로 보인다.

"차라리 그때 죽었어야 했다." 참사에서 살아남은 이들이 한 말이다. 참사가 난 뒤 이들은 예전의 삶을 잃었다. 직장과 가족, 친구와 이웃과의 관계가 끊어졌고, 밤마다 악몽에 시달리고 있다. 부산행 열차를 타려고 대구역에 가기 위해 안지랑역에서 지하철을 탔던 김 씨는 방화범 김대한이 탄 1079호 전동차 1번 칸에 타 있었다고 한다.

"빈 좌석이 없어서 문 앞에 서 있었는데, 갑자기 '불이야'하는 소리가 들리더군요. 고개를 돌려보니 벌써 연기가 나기 시작했는데, 그때쯤에야 문이 열렸고, 승객들은 혼비백산해서 출입구로 몰렸죠. 난리통에 뒷사람들이 떠미는 바람에 쇠 손잡이에 얼굴을 부딪혀서 깜빡 기절했습니다. 눈을 떠 보니 앞니가 5개나 부러졌더군요. 연기는 자욱했고 주변은 깜깜했습니다. 가방에서 수건을 꺼내 코와 입을 틀어막고 지하 1층을 향해 기어올랐는데 필사적인 탈출이었습니다."

사고 이후 그의 모든 것이 변했다. 호흡이 가빠지면서 일상생활에 지장을 받았고, 건강은 극도로 악화되었다. 그리고 매일 밤을 악몽에 시달리며 살아가고 있다.[4] 생존자들은 시간이 흐를수록 생각지도 못한 후유증이 나타나 힘들어 하고 있다. 이들은 아물지 않고 평생 남을 후유증을 안고 살아가고 있는 것이다.[5] 사고 이후 대구시는 사고일인 2월 18일에 매년 추모행사를 열고 있다.[6] 9주기인 2012년에는 〈한겨레21〉이 "우리는 생존자가 아니다"에서 생존자의 증언과 이후의 삶을 실었다. 2007년 감우성과 최강희가 주연한 영화 《내사랑》에는 대구 지하철 참사 사건을 연상시키는 사고 장면이 담겨져 있다.

이 같은 대량살인이나 묻지마 살인은 개인에 대한 예방책을 마련하기 어렵다. 그러므로 사회와 국가 차원에서 정책적으로 접근할 필요가 있다. 이러한 범죄는 개인이 통제할 수 없는 불안이나 분노로 인한 것이 많으며, 이런 사람들에 대해서 전문적인 상담기관이나 의료기관이 나서서 상담하고, 대처하는 시스템을 구축하는 것이 절실하다. 현재 중증 정신질환자에 대해서는 '정신보건법'이 제정되어 수용과 보호가 법제화되어 있다. 그러나 김대한과 같이 위험한 인격장애자의 치료와 관리 체제는 아직까지도 갖추지 못하고 있는 것이 현실이다.[7]

도쿄 지하철 사린 사건

　1995년 3월 20일 오전 8시, 도쿄의 지하철 마루노우치선, 히비 아선, 지요다선의 지하철 객차 내에서 화학무기로 사용되는 신경가스 사린(Sarin)이 살포되었다. 이 사건으로 승객과 역무원 등 12명이 사망하고, 5,510명이 중경상을 입었다. 이는 일본의 전후 최대의 무차별 살인 행위일 뿐 아니라 일반시민을 상대로 화학무기가 사용된 최초의 테러 사건이었다.

　그로부터 이틀 후인 3월 22일, 일본 경찰청이 신흥 종교단체인 옴진리교를 조사한 결과 사건의 전모가 드러나게 되었다. 사카모토 쓰쓰미 살인 사건 등의 배후 세력으로 지목받던 옴진리교에 대한 경찰의 강제수사가 있을 것을 예상한 교주 아사하라 쇼코가 강제수사 직전에 대규모 테러 사건을 일으키면 경찰의 수사망이 멀어질 거라고 예상하고 아침 통근시간에 혼잡한 지하철 내에서 사린을 살포하라고 신자들에게 명령했던 것이다.

　도쿄지방법원은 주범인 교주 아사하라 쇼코를 포함한 범인들 대부분에게 사형을 선고했으나, 고등재판에서는 일부 피고인들이 무기징역형을 선고받았다. 이 사건의 영향으로 옴진리교는 강제로 해산 당했다. 그러나 교주가 체포된 후에도 남은 신도들이 모여 새로운 조직을 세웠다. 사건의 용의자들은 사건 발생 후 17년 가까이 지명수배로 되어 있다가 2012년을 끝으로 모두 체포되었다.

연쇄 잔혹사

유영철 연쇄살인 사건

2003년 9월 24일, A 씨(여)는 생신을 맞이한 시아버지께 전화를 드렸으나 아무도 받지 않았다. A 씨는 의사인 남편을 재촉해서 서울 강남구 인사동에 있는 주택에 도착했다. 그런데 이들 부부는 참혹한 광경과 마주했다. 노부부는 머리가 깨어진 채 잠옷 바람으로 쓰러져 있었고, 이불과 방바닥은 온통 피로 물들어 있었다. 경찰이 조사해 보니 출입문은 잠겨 있었고, 침입한 흔적은 없었다. 집 안의 현금과 귀금속도 그대로 있었다. 그래서 경찰은 원한 관계에 의한 면식범의 소행인 것으로 추정했다.

그로부터 보름 후인 10월 9일, 주차관리원으로 일하던

B 씨(남)는 하루 종일 근무하느라 지친 몸을 이끌고 서울 종로구 구기동에 있는 집으로 돌아왔다. 초인종을 눌렀지만 인기척이 없었고, 담을 넘어 들어가 불을 켜 보니 아내(당시 58세)가 벽난로 옆에 피를 흘리고 쓰러져 죽어 있었다. 또 아들(당시 34세, 지체 장애인)은 2층 방문 앞에, 노모(당시 82세)는 현관 앞 화장실 입구에 숨겨 있었다. 이들은 모두 머리가 깨져서 바닥이 피로 흥건했다. 역시 외부에서 침입한 흔적은 없고, 집 안의 현금과 귀금속도 그대로 있어 경찰은 면식범의 소행으로 추정했다. 하지만 두 사건의 범행 수법이 비슷하였으므로 연쇄살인일 가능성도 있다고 보았다.

그로부터 1주일 후인 10월 16일, C 씨(남)는 치료를 위해 장인을 모시고 병원에 갔다가 서울 삼성동에 있는 처갓집에 돌아와서 초인종을 눌렀다. 그러나 아무런 대답도 없어 처남을 불러 문을 열고 들어가 보니 장모 유 씨(당시 69세)가 화장실 바닥에 엎어져 피를 흘리며 신음하고 있었다. 황급히 병원 응급실로 옮겼지만 다음 날 새벽, 유 씨는 사망했다. 경찰이 조사에 나서자 외부인이 침입한 흔적이 발견되었고, 족흔은 구기동에서 발견된 것과 일치했다. 언론보도가 이어지고 경찰의 수사가 계속되자 사건은 한동안 잠잠하였다.

한 달이 지난 11월 18일, 약사 D 씨(여)는 아침에 출근해서 일을 하다가 낮에 보일러 기사에게 전화를 받았다. 보일러 기사는 애프터서비스를 하러 왔는데 초인종을 눌러도 대답이 없었다고 말했다. 오후 3시, D 씨는 바쁜 시간을 넘긴 뒤 집에 갔다. 그런데 집 안에는 온통 연기가 자욱했고, 출동한 경찰의 도움으로 겨우 방문을 열고 들어가자 침대 위에는 시아버지(당시 80세)가, 방바닥에는 간병인 아주머니(당시 53세)가 불에 타 숨져 있었다.

다행히 약사의 갓난아기는 이불과 포대기에 싸여 화를 면한 채 소파 위에 누워 있었다. 경찰은 범인이 사체에 불을 지르고 곡괭이와 골프채로 금고를 부수려 한 흔적으로 미루어 앞선 사건들과 다르다고 보았다. 반면 법의관은 범인의 공격 방법과 흉기가 같다는 사실에 주목했다. 집 주변의 CCTV에는 범인으로 추정되는 남자의 뒷모습이 찍혀 있었다. 경찰은 이를 토대로 범인의 수배전단을 만들어 전국에 배포했다.[8]

혜화동 사건이 발생한 지 두 달이 지난 2004년 1월 20일 아침, 서울 신촌에 있는 찜질방에서 도난 사건이 발생했다. 누군가 열쇠를 훔쳐 10만 원 상당의 금품을 훔쳐간 것이었다. 경찰이 출동했고 범인은 곧 붙잡혔다. 체포된 범인은 유영철이었는데, 그는 범행을 부인하면서 피해자와 20만 원에 합의하겠다고 말했다. 그러나 피해자가 합의해 주지 않자 경찰은 유영철을 수갑에 채워 지구대로 연행했다. 유영철은 그곳에서 감시가 소홀한 틈을 타 수갑을 풀고 도주했다. 그리고 3층 옥상에서 뛰어내려 도주하다가 다시 붙잡혔다. 이후 구속영장이 기각되면서 유영철은 석방되었다.

2004년 2월 6일에는 서울 이문동의 한 골목길에서 의류상가 여직원(당시 25세)이 가슴과 팔 등이 칼에 찔려 쓰러져 있었다. 그녀는 병원으로 후송됐으나 곧 사망했다. 2004년 4월 14일 새벽에는 월미도 석유가게 주차장에 있던 승합차에서 화재가 발생했다. 조사해 보니 차 안에서는 양 손목이 절단된 시체가 발견되었다. 온몸에 20여 군데나 칼에 찔린 상태였다.

2004년 7월 12일 밤, 출장 마사지 업체로 30대의 남자가 전화했다. 전화를 받고 나간 E 씨(여, 당시 27세)는 자정이 조금 지나 업소에 전화를 걸어 "나 지금 납치되어 있어요"라고 호소했다. 이틀 후 E 씨를 호출했던 번호로 전화가 걸려 왔다. 같은 목소리의 남자는 신촌으로 마사지사를 보내라고 했고 업체 사장들과 경찰관은 잠복해서 남자를 기다렸다. 이윽고 새벽 5시에 경찰관과 업체 사장들은 남자를 잡았다. 남자는 다급히 입에 무언가 쑤셔 넣었는데 확인해 보니 업소 전화번호가 적힌 전단지 뭉치였다.

체포된 남자는 유영철이었다. 7월 17일 밤, 경찰서에서 조사받다 횡설수설하던 유영철은 갑자기 입에 거품을 물고 발작하는 듯 행동했다. 조사관들은 당황하여 수갑을 풀어 주고 담요를 덮어 주었다. 그러자 유영철은 자신이 11명을 죽였는데 자백하겠다면서 현장으로 가자고 제안했다. 경찰관들이 사무실에서 나서는 순간, 유영철은 도주했다. 경찰은 수배에 나섰고 유영철은 도주 11시간 만인 11시 40분, 영등포역 앞에서 기동수사대에 의해 체포되었다.

처음에 유영철은 묵비권을 행사했지만 이후 범행을 자백했다. 4건의 연쇄살인과 마사지사 살인도 시인했다. 경찰은

유영철의 연쇄살인 일지

2003. 10. 9.
종로구 구기동
강 씨 등 3명 살해

2003. 11. 18.
종로구 혜화동
김 씨 등 2명 살해

2004. 2월에서 7월
마포구 노고산동
오피스텔 등지 12명 살해

2003. 9. 23.
강남구 신사동
이 씨 등 2명 살해

2003. 10. 10.
강남구 삼성동
유 씨 살해

도봉구   노원구
강북구
은평구   성북구   중랑구
서대문구 종로구   동대문구
강서구   마포구   중구   성동구
양천구   영등포구 용산구
구로구   강남구   송파구
금천구   서초구
관악구

이러한 자백을 토대로 신촌 부근에 있는 야산에서 암매장된 11구의 시체를 찾아냈다. 유영철은 시체의 장기 일부는 갈아 마셨다고 진술했다. 현장검증 때 유영철은 26명을 살해했다고 말했으나 20명을 살해한 것으로 확인되었다(그림).

유영철은 자극을 받으면 야수처럼 돌변했다. 조사 도중 갑자기 검사에게 달려들기도 했다. 유영철은 8월 13일에 기소되었고, 2004년 12월 13일 서울중앙지방법원에서 20명의 살해에 대한 유죄가 인정되어 사형이 선고되었다. 법원은 판결문에서 "피고인이 자신과 아무런 연고가 없는 노인이나 여성 등 20명을 대상으로 치밀하게 범행을 준비했고, 그 살해 방법도 매우 잔혹해 그 죄질과 법정이 극히 무겁다"면서 사형을 선고한 이유를 밝혔다.[9] 이후 2005년 6월 9일, 대법원에서 사형이 확정되어 현재까지 수감되어 있다.

유영철은 치밀하고도 잔혹한 살인기계였다. 망치로 피해자를 단박에 살해했고 단독주택에 침입해서는 마주치는 사람의 얼굴을 마구 내리쳤으며, 윤락여성의 경우 머리를 쓰다듬으며 "잘 가라"고 속삭이고는 뒤통수를 내리쳤다.[10] 도대체 연쇄살인범은 어떤 생각을 가지고 이렇게 잔혹한 살인을 계속하는 걸까? 프로파일러와 범죄학자들은 연쇄살인범의 범행을 분석하고, 범인과 면담하면서 행동 단계별로 보이는 연쇄살인범의 심리를 밝히고 있다.

　　먼저 심리적 준비 단계에 연쇄살인범은 현실세계를 대체하는 환상을 꿈꾸며, 환상 속에서 치러지는 의식에 참여할 대상을 찾아야 한다는 강박관념에 시달린다. 이러한 환상은 사람에 따라 몇 주나 몇 년 동안 계속되며, 머릿속에 영상처럼 재생된다. 그러다가 환상 속의 역할을 해 줄 대상을 발견하면, 연쇄살인범은 그를 희생자로 포획하기 위한 단계에 접어든다. 이 단계에서 연쇄살인범은 긴장하고 집중력을 높여 적극적으로 희생자를 찾아 나선다. 연쇄살인범은 마각을 드러내지 않고 순진한 모습으로 유혹하여 피해자가 덫에 걸려 도망치지 못할 때까지 기다리며 심리적인 흥분감을 고조시킨다. 그리고 일단 포획에 성공하면 환상 속에서 꿈꿔 온 행동을 실행하며 가학적인 행동을 하고 살해한다.

　　이후 연쇄살인범은 살인과정을 회상하는 단계에서 정신적으로 가라앉는 침체기에 접어든다. 이러한 심리적 냉각기를 거친 뒤에는 다시 주체할 수 없는 살인 충동에 사로잡히게 된다.[11] 모든 연쇄살인범이 이런 심리 단계를 거치는 것은 아니지만 많은 경우 이러한 심리 단계를 거쳐 살인 행위를 계속한다. 유영철도 이러한 준비 단계-포획 단계-행동의 실행 단계-심리적 냉각 단계를 반복하며 연쇄적으로 살인 행위를 계속하였던 것이다.

유영철은 3남 1녀 중 3남으로 태어났다. 아버지는 알코올 중독으로 폭력과 외도가 심했다고 한다. 6살 때에는 계모 슬하에 자라다가 나중에 생모와 합쳐 살았다. 유영철에게는 이란성 쌍둥이 여동생이 있었는데, 여동생은 공부도 잘했다고 한다. 유영철은 그림을 잘 그렸고, 예술고등학교에 응시했으나 낙방했다. 이후 소년원에도 들락거렸다. 20세 무렵 아내를 만나 동거했지만 절도를 계속하다 구속되었고, 아내와도 이혼하게 되었다. 수감된 유영철은 교도소에서 이혼을 통보받고 여성에 대한 극도의 혐오감을 느껴 살인을 결심했다고 한다. 2014년에는 사형을 선고받고 10년 가까이 서울구치소에 수감되어 있던 유영철이 교도관의 도움으로 성인 잡지 등을 불법으로 반입한 사실이 KBS 취재로 드러나기도 했다.[12]

이 사건은 2008년에 개봉한 영화 《추격자》의 모티브가 되었다. 그리고 피해 가족들이 상처를 치유해 가는 과정을 담은 《용서》란 영화도 그해에 상영되었다.[13] 유영철은 구기도 살인 사건 주택 부근에 여성 변호사가 살고 있었고, 사실 그 집에 침입하려 했지만 인부들이 작업하고 있어 대신 구기동 주택을 범행 대상으로 삼았다고 한다. 그러면서 유영철은 그 변호사를 국선 변호인으로 선정해 달라고 요청했으나 성사되지 않았

다.[14] 당시 수사를 담당했던 검사는 당시를 회고하면서 다음과 같이 말했다.[15]

> "연쇄살인은 사회가 만드는 것인지, 아니면 살인자 개인
> 의 문제인지 판단할 수 없다. 하지만, 이를 막아 내기 위
> 한 최소한의 안전장치, 그리고 적절하고 신속한 수사,
> 그 후유증을 최소화하기 위한 노력은 필요해 보인다."

유영철 사건은 많은 걸 생각하게 한다.[16] 유영철은 고등학교 때 소년원에 들락거렸다. 그리고 우리는 많은 청소년들이 소년원에 들어가고 난 뒤 개선되기보다는 범죄에 물드는 경우를 보게 된다. 소년원에 입소하는 것 자체가 '낙인'을 찍는 것일 수 있기 때문이다. 그러므로 청소년 시절 유영철을 소년원에 보내기 전에 보호관찰 등을 통해 좀 더 세심하게 지도하고 상담하였더라면 하는 아쉬움이 남는다.

또 유영철은 담장이 있는 집을 골라 범행했다. 담을 쳐서 이웃과 격리하면 어느 정도 사생활을 보호하는 측면이 있다. 그러나 담장을 쌓아 도둑을 막으리라는 기대와는 달리 담장을 쌓으면 오히려 몰래 범행하기 좋은 환경을 만들게 된다. 담을 트고 이웃집을 서로 봐주는 것이 범죄를 예방하는 길이

될 수도 있는 것이다. 실제 영국과 미국 등 여러 나라에서는 이웃 주민들이 서로 알고 지내고 이를 통해 범죄에 대한 경계심을 높이는 모임과 활동을 지속해가고 있다.

이를 '이웃감시(Neighborhood Watch Program)'라고 부르는데, 이웃감시는 범죄 예방에 있어 중요한 프로그램으로 자리잡고 있다.[17] 이와 더불어 체계적이고 통합적인 수사대책도 필요하다. 사건이 생길 때마다 사건별로 대처하다 보면 전체적인 시각에서 통합적으로 분석하고 관리하는 것이 힘들어진다. 경찰이 유영철을 절도 혐의로 붙잡았음에도 앞선 사건과의 관련성을 포착하지 못한 것은 통합 수사 시스템이 구축되어 있지 않았기 때문이다. 유영철 사건으로 인해 죽은 이들의 희생이 헛되지 않게 하려면 이러한 시스템들을 도입·보완하여, 보다 안전하고 나은 사회로 가꿔 나가야 할 것이다.

묻지마 연쇄살인
정남규 연쇄살인 사건

_____정남규는 1969년 전북 장수에서 농사를 짓던 가정의 5남 4녀 중 일곱째로 태어났다. 그는 상업고등학교를 다니다가 2학년 때 가족과 함께 인천으로 이사하였다. 고등학교를 졸업한 후에는 공장 근로자, 배달원, 건축 노동자로 일하다가 입대하여 하사로 제대하였다. 정남규는 어린 시절, 부친으로부터 상습적으로 폭행당하고, 동네 사람으로부터는 성폭행도 당했다. 그리고 학교에서도 따돌림과 학교폭력을 겪었다고 한다.

군대에서 역시도 가혹 행위와 구타를 당해 군을 제대한 후에도 사회생활에 적응하지 못하고, 사회에 대한 복수심을 키웠다. 그는 절도와 성폭력 등 여러 범죄를 저질러 합계 3년 4개월 동안 수감생활을 했다. 20대 때는 서울에서 어머니, 누나와 살았지만, 가족들의 형편이 어려워 기초생활수급자로 살았다고 한다.

정남규는 2004년 1월부터 2006년 4월까지 총 25건의 살인, 강도상해 등을 저질러 13명을 죽이고 20명에게 중상을 입혔다. 정남규는 칼을 넣은 가방을 어깨에 걸치고, 가방 안에 손을 넣어 뒤로 하여 길거리를 다니다가 상대를 골라 찌르고 도망갔다. 워낙 순식간에 일어나다 보니 피해자는 자신이 어떻게 당했는지도 모르고 상해를 입거나 사망했다. 또 정남규는 신림동이나 봉천동 일대에서 현관문이 열려 있는 집에 침입해서 상대를 가리지 않고 흉기로 상해를 입히고 도주하기도 했다.

2006년 4월 22일 새벽, 정남규는 서울 신길동의 다세대 주택에 침입하여 집 안을 뒤졌지만, 그 집에서는 만 원짜리 상품권 1장밖에 나오지 않았다. 화가 치민 정남규는 방 안에서 자고 있던 청년을 둔기로 살해하려 했다. 그러나 청년이 강하게 저항하고 마침 옆 방에서 자고 있던 아버지가 합세해서 격투하자, 그는 이들에게 붙잡혀서 경찰에 넘겨졌다. 그러나 경찰서로 이송되기 직전에 순찰 차량 뒷자리에서 수갑을 찬 채 달아났고, 주민의 신고로 2시간 만에 옥상에서 체포되었다.

정남규는 침투하기 쉬운 서민 주택을 범행의 대상으

2004년 1월 14일	부천시 원미구에서 초등학생 2명을 성추행한 후 살해.
2004년 2월 6일	서울 동대문구 이문동 골목길에서 지나가던 여성을 흉기로 살해.
2004년 2월 10일	경기 군포시 산본동에서 우유 배달원(여, 28세)을 살해.
2004년 4월 22일	서울 구로구 고척동에서 여대생을 흉기로 살해.
2004년 5월 9일	서울 동작구 보라매공원에서 여대생을 흉기로 살해.
2004년 5월 30일	경기 군포시 산본동에서 우유 배달원(여, 41세)을 흉기로 살해.
2005년 10월 19일	서울 봉천동 주택에서 둔기로 여성(26세)을 살해한 후 방화
2006년 1월 18일	서울 강북구 수유동의 집에 침입하여 둔기로 내려치고 방화하여 3명을 살해.
2006년 3월 27일	서울 봉천동 주택에 들어가 둔기로 세 자매를 내리쳐 2명을 살해.

로 삼았다. 서울 강남 등 부유층이 사는 곳에는 CCTV가 많아 CCTV가 없는 신길동이나 봉천동, 시흥동 등을 범행 장소로 택한 것이다. 경찰은 정남규의 범행을 '전형적인 묻지마 범죄'로 본다. 검거 당시 조사했던 한 경찰관은 "조사실에 단둘이 마주하고 있는데 한여름에도 서늘한 기운이 느껴졌다"고 말했다.

검거 직후 정남규는 조사받으면서 '범행을 저지른 뒤 만족감을 느꼈다'고 진술해 충격을 줬다. 영등포경찰서 관계자는 사건을 브리핑하면서 "범행 당시에 큰 죄책감을 느끼지 않은 것으로 보이고, 범행을 저지른 뒤에는 만족감을 느꼈다는 내용의 진술을 하고 있다"고 말했다.

정남규는 범죄 수법을 바꾸는 지능범의 모습도 보였다. 정남규를 검거했던 한 경찰관은 "처음에는 칼을 사용하다가 둔기로 바꾼 이유는 범행 방법을 달리하면서 수사를 하는 데 혼선을 주기 위해서라고 진술하고 있다"고 말했다.[18] 일반적으로 연쇄살인범은 피해자의 유형을 선택한 후 범행 장소와 과정을 계획한다. 그리고 피해자를 어떻게 학대하고 살해할지도 생각해 둔다.[19] 정남규도 범행을 저지를 때 치밀하게 계획을 세웠다. 범행 대상도 20대 여성을 우선으로 하고 그다음으로 여자아이, 남자아이 순으로 정했다. 그리고 살인과 폭력을 하는 계획을 세우고 실행하되 상황에 따라 변화를 주었다.

정남규가 2년 동안 연쇄적으로 범행하면서도 발각되지 않은 것은 이 같은 계획성이 한몫을 한 때문일 것이다. 다른 한편으로는 정남규가 범행 장소로 택한 지역이 좁은 공간에 인구밀도가 높아서 범인을 쉽게 특정하기 어려웠기 때문이었다. 해당 지역은 주택이 다닥다닥 붙어 있었고, 대문을 열어 놓고 산 집이 많았다. 그러나 지역이 좁고 구불구불했으며, 조명이 제대로 되지 않아 범행 사실이 알려지기 쉽지 않았다. 그래서 이런 공간적인 특징도 범행의 발각을 어렵게 한 측면이 있었다.[20]

2006년 9월 21일, 서울남부지방법원 형사 제11부는 강도살인죄 등으로 구속기소된 정남규에게 사형을 선고했다. 재판부는 판결문을 통해 "피고인이 범행 이후에도 자신의 삶이 암담하다고만 하고 잘못을 뉘우치지 않았으며 사회에 복귀하면 이런 범행을 또 저지를 가능성이 높다"며 "이런 제반 사정을 고려해 피고인에게 극형이 불가피하다"고 이유를 밝혔다. 최후변론 때 그는 "이상하게 삶이 꼬인 것 같다. 가혹하고 혹독한 폭력이 이런 결과를 낳은 것 같다. 국가와 사회가 도움을 줬더라면 이런 비극적인 일은 일어나지 않았을 것"이라며 사회에 대한 불만을 털어놓았다.[21]

항소심에서도 1심과 마찬가지로 사형이 구형되었다. 서울고등법원 형사부의 심리로 열린 재판에서 재판부는 정 씨에게 항소 이유와 속죄의 감정을 물었다. 그러나 그는 "피해자들에게 미안한 마음이 우러나오지 않는다. 부자를 죽이는 데 희열을 느꼈다"고 말하며 사회에 대한 적개심을 여실히 드러냈다. 정 씨의 변호인은 "선처해 달라고 하면 오히려 피해자들에게 죄가 될 것 같다. 재판부의 현명한 판단을 바랄 뿐이다"라고 짧게 변론했다.[22] 2007년 1월 11일, 서울고등법원은 원심대로 정남규에게 사형을 선고했다. 재판부는 "여러 정황과 증거에 비추어 볼 때 원심판결은 정당하다"며 항소를 기각했다. 이어 "수사 증거와 정신감정 자료 등에 비추어 볼 때 피고인이 인격장애 상태였던 것은 인정되나, 정신질환에 따른 심신장애 상태였다고 인정할 만한 증거는 부족하다"고 설명했다.[23] 이어 2007년 4월 12일, 대법원에서도 정남규에 대해 원심을 확정했다. 재판부는 "모든 양형조건을 종합할 때 양형이 심히 부당하다고 할 수 없었다"고 판단했다. 법원은 "사형선고의 양형기준을 아무리 엄격히 적용해 봐도 사형의 선고가 범행에 대한 책임의 정도와 형벌의 목적에 비춰 정당화될 수 있는 특별한 사정이 있는 경우에 해당한다고 볼 수 없다"고 덧붙였다.[24]

　　재판 때 "담배는 끊어도 살인은 못 끊겠다"는 말을 남겼던 정남규는 2009년 11월 21일, 쓰레기 비닐봉투를 꼬아서 자살을 기도하여 병원으로 옮겨졌으나 끝내 사망했다. 그의 사망을 두고, 3년 간의 독방생활에서 오는 무력감과 자포자기 심정을 견디다 못해 스스로 목숨을 끊었다고 보는 전문가가 많다.[25] 그러나 프로파일러 출신의 표창원 의원은 "자살이라고 [기사가] 많이 나왔는데 [나는] 정남규가 교도소에 있어 살인을 할 수 있는 대상을 못 찾았으니까 자기 자신을 살해했다고 본다"고 분석했다. 실제로 정남규는 법정에서 판사에게 "나를 빨리 사형시켜 달라. 안 그러면 나는 지금이라도 또 살인을 하고 싶어서 죽겠다"고 말하기도 했다.[26]

정남규 사건이 일어나자 불특정 다수나 개인에게 분노를 표출하는 '묻지마 범죄'에 대해 관심이 커졌다. 우리 사회에서 일어나는 '묻지마 범죄'도 점점 변화하고 다양해지고 있지만 그에 대한 수사와 예방대책은 그에 따라가지 못하고 있는 것이 현실이다. 묻지마 범죄의 대상은 무차별로 선정되므로 사전에 차단하고 대응한다고 해결되는 것은 아니다. 그러므로 지역 특성에 맞는 범죄 예방적 차원의 공간을 구축하고, CCTV 등 보안장치를 강화하며, 지역 공동체에 의한 감시가 이루어져야 할 것이다.[27]

버릴 수 없는 그녀
서래마을 영아 살해 사건

2006년 7월 23일, 주한 프랑스인들이 많이 사는 서울 서초구 반포동 서래마을의 고급빌라에 살던 프랑스인 J 씨는 택배로 주문한 간고등어를 베란다에 있는 냉동고에 넣으려다 검은 비닐봉지에 싸인 영아 시신 2구를 발견했다. J 씨는 바로 한국인 친구를 통해 방배경찰서에 신고했다. 당시 5칸짜리 냉동고의 4번째 칸과 5번째 칸에 갓난아이 시신 2구가 얼려진 채 들어 있었다. 신고를 받은 방배경찰서는 곧바로 수사에 착수했다. 발견 당시 두 명의 영아는 너무 얼어 있는 데다 웅크리고 있어 개월 수나 피부색도 파악하기 어려웠다.

집주인 J 씨는 외국계 자동차 회사의 임원으로, 경찰조사에 순순히 응했다. J 씨는 6월 말, 가족과 함께 두 달 일정으로 휴가를 떠났다가 회의에 참석하려고 7월 18일에 혼자 입국했다고 진술했다. J 씨는 신고 당사자였고 부인과 두 아들을 둔 가장이며, 신원도 확실했기에 경찰은 그를 의심하지 않았다. J 씨에 따르면 카드키를 갖고 있던 필리핀인 가정부와 프랑스인 친구만 집에 드나들 수 있었다. 사건이 발생한 빌라의 창문은 모두 닫혀 있었고 경비업체에 의하면 외부인이 침입한 흔적도 없었다. 경찰은 국립과학수사연구원에 시신의 부검을 의뢰하고 주변 인물을 조사했다. 다음 날, 경찰은 영아의 시체와 J 씨의 타액과 모발에 대한 DNA 검사를 의뢰했다.

　화장실과 베란다, 거실에서는 희미한 혈흔이 발견되었다. 아기를 감쌌던 수건은 집에서 사용하던 수건이고, 비닐봉지 역시 집에서 쓰던 것으로 드러났다. 그 수건에서 모발이 발견되어 경찰은 DNA 감식을 의뢰했다. 시신을 부검해 보니 아이들은 태어난 지 일주일도 되지 않은 갓난아기였다. 그리고 탯줄이 불규칙하게 잘려져 있었고, 폐에 공기가 차 있어 병원에서 태어난 것이 아니고, 태어난 뒤에 숨진 것으로 추정되었다. 경찰은 부검 결과를 토대로 "죽은 아이들은 백인이나 혼혈로 추정되며, 외상은 없고 사인은 불분명하지만 사산된 것은 아니며, 정상 자연분만으로 태어난 뒤 사망한 것으로 보인다"

고 밝혔다.

　　J 씨는 남은 휴가기간을 프랑스에서 보낸다면서 출국하겠다고 밝혔고, J 씨를 용의자로 보지 않던 경찰은 그의 출국을 허락했다. 국립과학수사연구원은 경찰로부터 두 아이의 혈액과 뼈를 받았고, J 씨의 구강 세포와 모발을 받아 DNA 분석을 하였다. 기본적인 분석 방법인 STR 분석(개인식별을 위해 STR에 나타나는 다형성을 분석하는 방법)을 하자, J 씨가 두 아이의 아버지로 드러났다. 동일한 부계인지 확인하는 Y STR(성염색체 중 하나) 분석에서도 두 아이들의 아버지가 J 씨라는 것이 확인되었다.

　　국립과학수사연구원은 이어 동일한 모계인지 검사하는 미토콘드리아 분석(핵 밖에 있는 미토콘드리아를 분석하는 방법)을 실시했다. 검사한 결과, 두 아이는 한 어머니로부터 태어난 형제이거나 이란성 쌍둥이로 추정되었다. 그래서 과연 두 아이의 어머니가 누구냐가 사건 해결의 관건이 되었다. 그래서 경찰은 우선 J 씨 집의 필리핀인 가정부의 타액을 넘겨받아 검사했으나, 그녀는 사건과 무관한 것으로 밝혀졌다.

　　방배경찰서는 7월 30일, J 씨 집에서 칫솔, 빗, 귀이개를 수거해 DNA 검사를 의뢰했다. 여기에서 채취된 DNA는 총 6개로, 3개는 남자, 나머지 3개는 여자의 것이었다. 남자 DNA 3개는 J 씨의 DNA로 드러났고, 나머지 세 DNA의 주인은 아이

들의 어머니로 추정되었다. 검사 결과는 8월 7일, 방배경찰서
에 통보되었다.

　　남은 과제는 과연 이러한 생활용품에서 채취한 DNA가
누구의 것이냐를 밝히는 것이었다. J 씨의 부인 베로니크는 당
시 프랑스에서 체류 중이었으므로 DNA를 채취할 수 없었다.
그런데 좀 더 조사해 보니 베로니크가 국내 병원에서 수술을
받은 사실이 드러났다. 수술한 병원에는 베로니크로부터 채취
한 DNA가 남아 있었다. DNA 검사를 하자 그 DNA는 J 씨의 집
에서 채취한 DNA와 일치했다. 결과적으로 두 아이의 아버지는
J 씨이고, 어머니는 J 씨의 부인인 베로니크로 밝혀진 것이다.

　　그러자 이들 부부는 8월 22일 프랑스에서 기자회견을
열고 "한국 수사당국의 DNA 분석 결과를 믿을 수 없다. 한국
에 가지 않겠다"고 말했다. 프랑스는 대륙법계에 속한 국가여
서 속인주의 원칙(국적을 기준으로 해서 모든 자국민에 대해 법을 적용하
는 원칙)에 따라 프랑스 경찰이 이들 부부를 수사하게 되었다.
이에 따라 한국에서 수사한 자료와 아이들의 DNA 시료가 프
랑스 사법당국으로 전달되었다. J 씨 부부는 프랑스의 전문기
관에서 DNA 검사를 받았다. 검사한 결과는 한국 국립과학수
사원에서 검사한 결과와 일치했다. 10월 10일, 프랑스 검찰은 J
씨 부부를 긴급체포했다. 같은 달 11일, 베로니크는 "남편 몰래

한 단독 범행"이라면서 범행을 자백했다. 이어서 베로니크가 프랑스에 있을 때도 자신이 낳은 아이를 살해해서 벽난로에 집어넣은 사실도 드러났다.[28]

사건 일지

2006년 6월 29일	J 씨 가족 프랑스로 출국.
2006년 7월 18일	J 씨, 회사 회의에 참석하려고 입국.
2006년 7월 23일	J 씨, 집 냉동고에서 영아 시신 2구 발견.
2006년 7월 26일	J 씨, 프랑스로 출국.
2006년 7월 28일	국립과학수사연구원, J 씨가 두 아이의 아버지임을 통보.
2006년 7월 31일	경찰, J 씨 집에서 수거한 칫솔 등 DNA 분석 의뢰.
2006년 8월 7일	두 아이의 어머니, J 씨 부인 베로니크로 추정.
2006년 8월 17일	경찰, 베로니크의 조직 샘플 DNA분석 후 베로니크가 두 아이의 산모임을 재확인.
2006년 8월 22일	J 씨 부부, 프랑스에서 기자회견.
2006년 9월 11일	한국 검찰, 출석요구서와 함께 수사자료 프랑스에 전달.
2006년 9월 26일	프랑스 경찰, J 씨 부부 DNA 재검사.
2006년 9월 28일	한국에서 보관하던 두 갓난아기 DNA샘플 프랑스에 전달.
2006년 10월 10일	프랑스 당국, 'DNA검사 결과 두 아기 부모는 J 씨 부부가 맞다'고 공식 통보.
2006년 10월 10일	프랑스 경찰, J 씨 부부 체포.

베로니크는 이후 프랑스 오를레앙의 중죄재판소에서 재판을 받았다. 현지 언론은 법정에 출석한 베로니크가 눈물을 쏟아 내는 모습을 보였고, 두 달 뒤에는 정신감정도 받았다고 보도했다. 당시 베로니크는 임신거부증(임신을 극도로 거부하며, 원하지 않은 임신을 한 경우 임신 사실 자체를 부인하는 증세)이라는 우울증을 앓고 있었다. 정신과 전문의들도 재판 때 베로니크가 임신을 부정하는 정신상태에 빠졌던 것으로 판단한다는 의견서를 제출했다.[29] 베로니크의 살인죄가 인정되면 법정 최고형인 무기징역을 선고받을 것으로 예상되었다.

베로니크는 2002년과 2003년 서울에 있는 서래마을에 살면서 자신이 낳은 아이 2명을 살해하였고, 1999년 프랑스에서 살 때에 자신이 낳은 또 다른 아이 1명을 살해했다고 자백했다. 그러나 남편 J 씨는 부인과 영아유기를 공모한 사실이 입증되지 않아 풀려났다.[30] 투르 검찰청의 검사는 베로니크가 비록 살인죄를 저질렀지만, 임신거부증이라는 심각한 정신병으로 인해 범행하였다는 점을 참작하여 징역 10년을 구형했다. 그러자 법원은 8년을 선고했고 베로니크는 오를레앙 교도소에 수감되었다. 그리고 2010년 5월, 그녀는 재판 전 구금된 기간을 합쳐 형기의 절반을 채운 상태에서 가석방되었다.

사건이 일어난 지 5년이 지났을 무렵, 베로니크의 남편

J 씨가 입을 열었다. 그리고 "아내는 괴물이 아닙니다. 베로니크는 임신거부증에 걸렸습니다"라고 말했다. 그리고 자신은 아내가 임신한 사실을 알지 못했다고 말했다. 아내의 배가 불러오긴 했지만, 살이 찐 것으로 여겼다고 한다. 그는 "현실과 현실이 아닌 것을 구분하지 못하는 아내의 모습을 보고 혼란을 느꼈다"고 말했다.

남편 J 씨는 아내를 버릴 수 없어 구명운동에 나서기도 했고, '임신거부증'이 무엇인지 알리는 데 앞장섰다. 또 J 씨는 사건의 전말과 함께 자신의 심경을 담아 『그녀를 버릴 수 없었다』라는 책을 출간했다. 이 책은 국내에서도 번역되어 출간되었다. 책에서 J 씨는 18년 동안 부부로 함께 살며 아내의 병을 묵묵히 받아들일 수밖에 없는 자신의 심정을 호소했다. 그리고 임신거부증을 자세히 소개하고 있다.[31]

범죄인에게 형사책임을 묻기 위해서는 원칙상 그가 자유의사로 범죄 행위를 해야 한다(형법 제13조는 "죄의 성립요소인 사실을 인식하지 못한 행위는 벌하지 아니한다. 단, 법률에 특별한 규정이 있는 경우에는 예외로 한다"고 규정하고 있다). 이를 법률 용어로 고의(mens rea)라고 하는데, 라틴어 mens rea를 번역하면 '죄지은 마음'이 된다. 고대 그리스의 철학자인 아리스토텔레스는 의도와 지식이 모두 있을 때만 윤리적 책임이 생긴다고 말했다. 그리고 이러한 생각은 정신이상이 있으면 형을 감경한다는 현대 형법 원칙의 토대가 되었다.

그런데 살인범의 뇌에 뇌손상, 종양, 암, 약이나 약물중독, 혹은 유전적인 이상이 있어 뇌 기능에 문제가 있다면 어떻게 할 것인가? 이와 관련해서 최근 미국에서는 피고인의 신경생물학적 데이터를 이용해서 형을 감경해 달라고 요청하는 사례가 계속 늘고 있다고 한다.[32] 그렇지만 손상된 뇌가 어떻게 합리적인 판단이나 이성적인 의사결정을 방해하는지에 대해선 아직까지 명쾌하게 밝혀지지 않은 상태이다. 임신거부증이 걸린 여성은 출산을 하고도 아이가 생명체가 아니라 그저 자신의 신체의 일부가 떨어져 나온 것으로 보아 치워 버리려 한다. 그래서 프랑스 법원은 베로니크가 임신거부증에 걸렸다는 사실을 감안하여 8년으로 형을 감해 준 것이다.

처음에 프랑스 사법당국은 한국의 국립과학수사연구원의 감정 결과를 불신했다. J 씨는 물론이고, 가정부를 비롯한 주위 사람들은 베로니크가 임신한 것을 본 적이 없다고 진술했고 정상적인 부부 사이에서 태어난 자식을 살해할 부모는 없으리라고 판단한 듯했다. 또 J 씨 부부는 기자회견 때 구체적인 근거를 대며 죽은 아이들이 절대로 자신들의 자식이 아니라고 극구 부인하였고 한국의 감정 결과를 믿지 못하겠다고도 말했다.

프랑스는 한국을 아시아에 있는 작은 나라라 보고 과연 제대로 감정했겠냐고 의심했을 수도 있다. 그러나 다시 감정해 보자 한국의 국립과학수사연구원의 감정 결과가 정확했음이 드러났다. 이 사건을 계기로 우리나라 과학수사의 역량이 세계적으로 인정받을 수 있게 되었다.[33] 이 사건은 과학수사의 중요성을 다시금 일깨워 준 사건이다.

그러면 J 씨 부부는 왜 한국이 아닌 프랑스에서 재판을 받으려 한 것일까? 우리나라 형법 제251조에서는 영아살해를 처벌하는 규정을 두고 있는데, 분만 중이거나 분만한 직후 영아를 살해한 경우, 보통의 살인죄에 비해 처벌 수위가 낮다. 그러나 만약 베로니크가 분만한 직후가 아닌, 며칠 후 살해했다면 영아살해가 아닌 보통의 살인죄가 적용되므로 중형을 선고받게 되었을 것이다.

따라서 한국과 프랑스의 형법 체계가 어떻게 다른지는 알 수 없지만, 다년간의 거주경험으로 양국에 대해 잘 알고 있었을 것으로 추정되는 J 씨 부부가 한국과 프랑스의 형법 체계가 다르거나 양국의 형사 실무에 차이가 있다는 사실을 고려했을 가능성이 있다. 실제 베로니크는 프랑스 법원에서 8년을 선고받았다. 그러므로 범행이 드러나더라도 프랑스에서 재판을 받는 게 유리하다고 판단했는지 모를 일이다.

현대 검시의학에서는 성인을 죽인 경우와 구별하여 어린이를 죽인 경우를 '소아살해'라고 부른다. 피해자가 어린이인 경우, 사회적 약자이기에 비난가능성이 크므로 엄히 처벌해야 한다는 견해가 있다. 반대로 어린이는 사회에 대한 기여도가 낮으므로 비난가능성이 적어 처벌의 강도를 낮추어야 한다는 견해도 있다. 분만과 양육으로 특수한 상황에 처한 친모, 친부, 직계존속 등의 경우, 나라별로 다르긴 하지만 특수한 상황을 고려하여 처벌의 수위를 조절하고 있다.[34] 그렇지만 어린이에 대한 살인도 지체 장애인과 마찬가지로 사회적 약자에 대한 살인이므로 일반 살인과 달리 보아서는 안 될 것이다.

어긋난 인생

논현동 고시원 살인 사건

방과 방 사이의 거리는 불과 1m 남짓이고, 불빛이 없으면 출입구도 잘 보이지 않는다. 요즘은 이런 어두컴컴한 고시원에서 많은 직장인들과 학생들이 힘겹게 살아가고 있다. 이들은 대부분 지방에서 올라온 사람이거나 일용직 노동자로 저소득 계층에 있는 사람들이다. 2008년 10월 20일 오전, 서울 논현동에 있는 한 고시원에서는 사망자 6명을 포함해 무려 13명의 사상자를 낸 끔찍한 방화살인 사건이 발생했다.[35]

이날 아침, 이 고시원에서 지내고 있던 정상진(남, 당시 31세)은 평소에는 한 번도 입지 않던 검은색 상의와 검은색 카고 바지를 입었다. 그리고 검정 마스크를 착용하고 스키 모자를 푹 눌러쓴 채, 연기가 자욱한 복도에서 잘 볼 수 있도록 고글과 머리에 쓰는 플래시도 소지했다. 이날을 위해 그는 회칼 1개와 과도 2개, 가스총을 준비하고 있었다.

과도는 칼집을 구입해서 양쪽 다리에 차고 있었고, 가스총은 허리춤에 지니고 있었다. 그리고 불을 지르는 데 쓸 권총 모양으로 된 라이터도 갖고 있었다. 정상진은 먼저 3층에 있는 자신의 방 안에서 침대에 불을 붙였다. 그리고 연기를 피해 복도로 뛰어나온 피해자들을 미리 준비하고 있던 칼로 무차별적으로 찔러 살해하거나 중상을 입혔다.

정상진은 고시원 3층 복도에 쏟아져 나온 피해자 4~5명에게 마구 칼을 휘둘렀다. 그리고 4층으로 올라가 그곳에 있던 피해자 5~6명에게도 칼을 휘둘렀다. 피해자 대부분은 좁은 복도에서 정상진이 휘두르는 칼을 피하지 못하고 복부와 옆구리 등에 깊은 상처를 입었다. 그날 참극에서 기적적으로 살아나온 김 씨(남, 29세)는 언론과 인터뷰하면서 당시의 끔찍한 상황을 생생하게 묘사했다.[36]

"불이야!!!"
2008년 10월 20일 오전 8시 20분경, 찢어지는 듯한 여인의 목소리가 들렸다. 서점에서 아르바이트 일을 마치고 아침 8시쯤 퇴근한 김 씨는 모아 둔 빨래를 세탁실에 넣고 방으로 돌아오는 길이었다. 바로 그때 "불이야!"라는 여인의 날카로운 비명이 들렸다. 반사적으로 방문을 박차고 나온 김 씨는 고시원 복도 반대편에서 새어 나오는 뿌연 연기를 보았다. 그의 방과 마주보고 있는 고시원 총무실은 텅 비어 있었다.

김 씨는 곧장 총무실에 있는 소화기를 들어 안전핀을 뽑으려 했다. 허리를 숙여 소화기를 든 사이, 차갑고 날카로운 물건이 김 씨의 왼쪽 배를 깊숙이 찔러 왔다. 깊숙이 박힌 흉기를 뽑는 순간 장기들이 쏟아져 나왔다. 이때 김 씨는 배를 움켜쥐고 왼 주먹으로 범인의 얼굴을 가격했다. 김 씨가 반격하자 범인은 연기로 새어 나오는 복도 쪽으로 뛰어갔다. 김 씨는 문이 열린 총무실로 들어가 몸을 숨겼다. 그러나 문고리가 고장이 나서 문이 잠기지 않았다. 그 순간 김 씨를 쫓은 범인은 총무실로 뛰어 들어오려 했고, 김 씨는 필사적으로 막았다. 그러자 범인은 다른 사냥감을 찾아 자리를 떠났다. 그러자 그는 112에 전화하여 "사람들이 도살당하고 있어요!"라고 외쳤다.

사건 현장

정상진은 평소, 유별나게 남의 일에 참견하길 좋아했다
고 한다. 특히 사람들이 모여 있을 때면 끼어들기를 좋아했는
데, 자신의 말을 들어 주지 않으면 시무룩해져서 움츠리는 모
습을 보이기도 했다. 탈모가 심해 모자를 푹 눌러쓰고 다녔고,
가끔씩 침울한 모습을 보이는 등 감정의 기복이 있을 때도 많
았다. 중학교에 다닐 때는 2차례나 자살을 기도한 적도 있었
고, 가끔 두통을 호소했다고 한다.

그는 사건이 나기 5년 전에 고시원에 들어왔으며, 뚜렷
한 직업 없이 오토바이 배달 일을 하거나 대리주차 일을 하였

다. 그리고 생활고에 시달려 이따금 누나에게 돈을 받아 밀린 방값을 내기도 했다고 한다. 10월 22일, 범인 정상진이 쓴 일기장이 공개되었다. 일기장은 세상을 증오하는 내용으로 가득 차 있었다. 또 "나는 태어나지 말았어야 했다" "이제는 마무리를 할 때가 됐다" 등 자신의 신변을 비관하고, 범행을 다짐하는 내용의 글도 가득했다.

정상진은 경찰에서 영화 《달콤한 인생》을 본 뒤 범행도구를 준비했다고 진술했다. 영화 《달콤한 인생》은 특급호텔을 운영하는 조직폭력배 두목과 그의 부하, 이들 두 남자의 사랑을 받는 여자의 이야기를 담은 폭력영화로, 2004년 4월 1일에 개봉되었다. 경찰은 "정 씨가 하지정맥류 외에 특별한 질병은 없었지만, 수술에 필요한 300만 원이 없는 데다 미납된 고시원비와 휴대폰 요금, 예비군 불참 벌금 등이 겹쳐 금전적 압박이 가중됐던 것으로 보인다"고 말했다. 정상진은 주차관리 요원과 음식점 배달원으로 일하다가 실직했고, 고시원에서만 생활해 온 것으로 밝혀졌다.[37]

정상진은 경찰에서 "20일 새벽 5시에 곰곰이 내 자신의 처지를 생각해 보니 금전적으로 어려운 데다 병원비까지 필요해 이렇게 살아서 뭐 하냐는 생각이 들었다"고 진술했다. 정상진은 금전적인 압박뿐만 아니라 심리적인 불안도 심했다. 정상진은 "어렸을 적부터 핍박을 많이 받았으며, 주변 사람들로부터 무시를 당했다"고 진술했다. 그리고 피해자들에 대해선 "지나가다 얼굴을 본 적은 있지만 나와는 모두 무관한 사람"이라고 진술했다. 피해자들 시신을 부검하자 5명은 칼에 찔려 사망했고, 나머지 1명은 추락사를 당한 것으로 드러났다.[38]

2009년 4월 22일, 검사는 현주건조물방화, 살인 등의 혐의로 구속기소된 피고인 정상진에 대하여 사형을 구형했다. 그리고 그해 5월 12일, 법원은 피고인 정상진에게 사형을 선고했다. 이후 정상진이 항소하지 않으면서 사형이 확정되었다. 이 사건으로 희생당한 고인들 중에는 중국 동포들이 많았다. 이들은 고시원 주변 식당에서 아침부터 밤늦게까지 일하며 많지 않은 월급을 받았다. 이런 딱한 사정이 알려지자 합동분향소를 마련해 주고, 성금을 모아 피해자들에게 위로금을 전달하는 따뜻한 손길이 이어졌다.[39]

미리 갖춰 입은 검은색 옷에 잔인하고 무차별적인 범행 수법까지, 이 사건은 2007년 4월 미국 전역을 뒤흔든 재미 교포 조승희의 버지니아공대 총기난사 사건을 떠올리게 한다. 두 사건은 범행 당시 범인의 옷차림과 범행 수법이 비슷하다. 정상진은 아래위로 검은색 옷을 입었고, 피해자들을 잘 보려고 머리에 고글과 소형 플래시를 장착했다. 또 범행에 쓴 긴 회칼 외에도 양 다리에 과도 2개를 차고 있었다. 조승희도 검은색 옷을 입고 장갑을 꼈으며, 양손에 권총을 들었다.

　　범행 수법에 있어서도 두 사람은 사람들을 좁고 밀폐된 장소에 밀어 넣고 차분하게 범행한 점에서 비슷하다. 정상진은 자신의 방에 불을 지르고 3층에서 기다리고 있다가 피해자들에게 칼을 휘둘렀다. 조승희도 강의실을 걸어 잠그고 총을 쏘았다. 그리고 성격이나 생활태도도 닮았다. 정상진의 주변 사람들은 정상진이 평소 "'전쟁이 일어났으면 좋겠다' '세상이 뒤집어졌으면 좋겠다' 등 부정적인 말을 했다"면서 "주로 혼자서 생활해 평소에는 과묵했으나, 한번 말을 시작하면 사회에 대한 불만의 소리가 많았다"고 말했다. 조승희는 인종차별이 심한 지역에서 외톨이로 살아왔고 방에서 발견된 노트에서도 사회를 비판하는 글이 발견되었다.

　　정상진과 조승희의 범행은 한 장소에서 분노에 찬 범인이 한꺼번에 많은 사람을 죽이는 '대량살인(Mass Homicide)'에 속한다. 대량살인범을 상대로 한 연구에 따르면 대량살인은 심각한 좌절, 실패의 결과를 외부로 전가하는 행위, 계속된 실패, 사회에서 고립됨, 세상에 대한 증오, 모방 등이 원인이 되어 발생한다고 한다.[40] 정상진의 경우도 이런 대량살인범의 특성을 그대로 보여 주고 있다. 좌절과 실패, 소외와 증오, 그리고 모방이라는 원인이 복합적으로 작용하였고, 이러한 분노를 가까운 사람에게 폭발시킨 것이었다.

전문가들은 정상진이 '대인 관계가 좋지 않고, 고립된 생활을 하다가 극단적인 행동을 했다는 점에서 성격장애와 편집증 같은 정신불안, 만성 우울증에 시달렸을 가능성이 높다'고 분석하였다. 정상진과 조승희 두 사람에게는 모두 외톨이 생활을 하면서 사회에 대한 불만을 키워 왔다는 공통점이 있다. 결국 소외가 이들을 '외톨이 범죄인'으로 키운 것이다. 이에 대해 전문가들은 소외 계층 가운데 정서나 성격에서 불완전한 사람들이 소통할 수 있는 제도적 조치가 이루어져야 한다고 입을 모은다.[41]

16년 만에 마주한 진실
약촌오거리 살인 사건

2000년 8월 10일 새벽 2시, 전북 익산시 영등동 약촌오
거리에서 택시운전사 유 씨(남, 당시 42세)는 신체 12곳을 흉기에
찔렸다. 결국 유 씨는 폐동맥 절단으로 인한 과다출혈로 사망
했다. 유 씨는 숨지기 전 동료에게 "약촌오거리, 강도야"라는
다급한 목소리로 무전을 쳤다.

마침 당시 16세이던 다방 배달원 최 군은 오토바이를 타
고 그곳을 지나가다가 범행 장면을 목격했다. 최 군은 경찰에
"당시 10대 후반으로 보이는 키 170cm 정도의 남자 2명이 뒤를
쳐다보며 뛰어갔다"라고 진술했다. 또한 최 군은 경찰이 범인
의 몽타주를 만드는 작업도 도왔다.

최 군에 의하면 이후의 상황은 다음과 같다. 그로부터 나흘 뒤 경찰이 최 군에게 최초의 목격자라는 이유로 임의동행(수사기관이 피의자 또는 참고인 등에 대하여 검찰청경찰서 등에 함께 가기를 요구하고 승낙을 얻어 연행하는 처분으로 피의자 등은 동행을 승낙할 수도 있고 거부할 수도 있다)을 요구하고는 그를 여관으로 끌고 갔다. 경찰은 최 군을 익산역 인근에 있는 여관에 감금한 뒤 전화번호부 책을 던져 주고 "범인을 찾아!" 하고 소리 지르며, 최 군의 머리와 목을 때렸다.

익산경찰서 숙직실에서도 경찰은 최 군에게 자백을 강요하고, 잠도 재우지 않고 집단구타하였다. 최 군은 이와 같이 진행된 5차례의 조사 이후 경찰이 저지른 강압에 못 이겨 "택시기사 아저씨가 때려서 화가 나 오토바이 의자 밑에 있는 흉기를 꺼냈다"고 허위로 자백하였다. 그러자 익산경찰서는 기소의견을 달아 사건을 검찰에 송치했고, 검찰은 최 군을 살인죄로 기소하였다. 1심법원은 최 군에게 징역 15년을 선고하였다. 2심에서 최 군은 범행했다고 시인하고, 5년이 감형된 징역 10년을 선고받았다. 이후 최 군은 상고를 제기하지 않아 형이 확정되었으며, 교도소에서 10년간 복역하다 2010년에 만기 출소하였다.

그런데 2003년 5월, 택시강도 미제 사건을 수사하던 전북 군산경찰서 경찰은 '약촌오거리 살인 사건의 진범이 따로 있다'는 소문을 들었다. 경찰은 그해 6월, 진범 김 모와 그의 친구인 임 모를 체포했다. 임 모는 사건 당일 김 모가 자신의 집에 찾아왔다고 진술했다.

임 모는 "(김 모가) 원래 차분하고 놀라는 성격이 아닌데 겁을 많이 먹어 얼굴이 질려 있고 땀도 많이 흘리고 있었다" "칼 앞날이 휘어 있었고, 피보다 지방간이 많이 묻어 있었다"라고 진술했다. 결국 김 모도 자신이 범인이라고 자백했다. 두 사람이 술집에서 술을 마시며 한 얘기를 옆에 있던 주민이 들었고, 그 소문이 퍼져 경찰의 귀에 들어간 덕분이었다.[42]

김 모가 경찰에서 진술한 바에 따르면, 당시 생활이 어렵던 김 모는 택시기사를 상대로 강도 행각을 벌일 생각으로 택시에 탔다. 이후 약촌오거리 버스정류장 부근에 이르렀을 때 뒷좌석에서 운전석으로 칼을 들이밀며 "돈을 내놓으라"고 협박했고 이 과정에서 놀라 도망가려 한 유 씨의 왼쪽 어깨를 붙잡고 칼로 찔렀으며, 이때 칼 끝에 뼈가 걸리는 느낌을 받았다고 한다. 이후 김 모는 근처 공중전화로 친구인 임 모에게 전화를 걸었고, 임 모의 집에 가서 흉기를 임 모에게 보여 주고 매트리스 아래에 칼을 숨겼다.

이처럼 김 모는 진범이 아니고서는 알 수 없는 구체적인 사실을 신빙성 있게 진술했다. 그리고 자기를 대신하여 무고한 최 군이 누명을 쓰고 수감된 사실을 알고 심한 죄책감에 시달렸다고 말했다. 김 모의 도피를 도운 임 모와 주변 인물들의 진술도 김 모의 자백과 상당히 일치하였다. 이에 경찰은 김 모에 대하여 구속영장을 청구하였다.

그러나 검찰은 객관적 물증인 흉기를 확보하지 못하였다면서 구속영장 신청을 계속 반려하였다. 군산경찰서가 쓰레기 매립장 전체라도 수색하겠다며 압수수색영장을 청구하자, 검찰은 흉기에 대한 특정이 부족하다며 또다시 반려하였다. 결국 김 모는 긴급체포기간인 48시간이 지나 석방되었다. 그러자 김 모는 정신병원에 입원하여 당시에는 허위로 진술했다고 주장했다. 그러나 김 모의 도피를 도운 혐의를 받던 임 모는 죄책감인지 2012년에 자살했다.

청춘을 교도소에서 보낸 최 군은 2010년 만기 출소했다. 2013년 박준영 변호사는 그 사연을 듣고 수사에 허점이 많으니 재심을 청구해 보라고 최 군을 설득했고 최 군은 강압수사에 의해 억울하게 죄를 뒤집어썼다며 광주고등법원에 재심을 청구했다. 최 군 측에서는 2003년 김 모가 한 진술을 새로운 증거로 제시했다. 광주고등법원은 최 군의 재심청구를 받아들였고, 2016년 6월 16일에 재심 첫 공판이 열렸다.[43] 변호인 측은 "당시 경찰의 불법 체포와 감금·강압수사가 이루어졌는데 원심에서는 불법·부실에 의한 수사에 의한 증거를 채택했다"며 "이번 재판에서는 기존 증거능력을 전부 재심하고 당시 수사 경찰관과 진범으로 지목되고 있는 김 씨 등 관련자 모두를 증인으로 불러 심문해야 한다"고 주장했다.

2003년 진범으로 지목된 사람, 관련자들의 진술, 사건 발생 당시 목격자의 진술, 택시 타코미터(회전속도계) 정보에 대한 분석 의견, 부검감정서에 대한 의견 등이 새로운 증거로 제출되었다. 당시 수사팀의 한 사람이었던 박 모 경위도 재심 재판 때 증인으로 출석하여 경찰관으로서는 유일하게 여관에서 불법으로 조사한 사실을 시인했다. 그는 증인을 선 후 아내와 지인들에게 '괴롭다'는 말을 자주 했고, 괴로움을 견디다 못해 가족이 집을 비운 사이 스스로 목숨을 끊었다.[44]

2016년 11월, 광주고등법원은 마침내 최 군에게 무죄를 선고했다. 재판부는 '최 군이 강압에 못 이겨 거짓 자백을 한 것이 인정된다'며 선고이유를 밝혔다. 이어 최 군에게 "지난날의 아픔은 털어내고 새로운 삶을 살아가기 바란다"며 "고생 많았다. 이제 돌아가도 좋다"고 마지막 말을 전하자 법정에서는 박수 소리가 울려 퍼졌다. "아들한테 부끄럽지 않은 아빠가 되어서 좋습니다." 16년 만에 마주한 진실 앞에 최 군은 담담하게 말했다. 최 군에게 무죄 판결이 선고된 날 오후, 전주지방검찰청 군산지청은 김 모에 대해 출국금지 조치를 내리고 경기도에 있던 김 모를 긴급체포하였다.

1심법원은 김 모에게 징역 15년을 선고했다. 재판부는 "김 씨는 경찰에서 조사를 받을 때 범행 실행 순간에 느낀 가해자의 신체적 감각이나 1차 범행을 하려다가 포기하고 망설이다가 다시 범행 대상을 찾았다는 등 직접 경험한 사람이 아니고서는 도저히 진술하기 어려운 사건의 고유한 특징들을 진술했다"며 "피고인은 후에 범행을 부인하며 진술내용은 모두 꾸며낸 것이라고 했지만 지어낸 이야기를 3년이 지난 시점에 모두 세세하게 기억하고, 내용이 사건의 주요 특징들에 대부분 일치하는 것은 불가능해 보인다"고 밝혔다.

2심법원 역시 김 모에게 "기존 자백한 증인들의 진술이 일관되게 일치하므로 피고인이 범행을 위해 흉기를 미리 준비하고 택시기사를 살해한 사실이 인정된다"며 징역 15년을 그대로 선고했다.[45] 대법원 역시 "객관적 물증이 없다고 해도 조사자 증언과 친구의 진술, 그 밖의 증거 등을 종합할 때 유죄로 인정한 판단을 수긍할 수 있다"며 징역 15년을 선고한 판결을 확정했다.

2017년 2월 15일, 이 사건을 모티브로 한 영화《재심》이

2000년 8월 10일	익산시 영등동 약촌오거리 부근에서 택시기사 살인 사건 발생, 기사 유 씨(42세) 사망.
2000년 8월 13일	경찰, 다방 배달 일 하던 최 군(16세)을 용의자로 검거.
2001년 2월 1일	전주지법 군산지원, 살인죄로 기소된 최 군에게 징역 15년 선고.
2001년 5월	항소심에서 징역 10년으로 감형.
2003년 5월	군산경찰서, 진범이 있다는 첩보를 입수하고 수사에 착수함.
2006년	물증 발견되지 않아 수사 종결.
2010년	최 군, 만기 출소.
2013년 3월	최 군, 재심 청구.
2015년 6월 22일	광주고법, 재심 개시 결정.
2016년 6월 16일	광주고법, 재심 1회 공판기일.
2016년 9월 28일	사건 담당 경찰관, 익산 자택에서 자살.
2016년 11월 17일	광주고법, 최 군에게 무죄 선고. 선고 직후 검찰은 진범 김 모를 체포해 구속기소.
2017년 5월 25일	1심, 김 모에게 징역 15년 선고.
2017년 12월 1일	2심, 항소 기각.
2018년 3월 27일	대법원, 징역 15년을 선고한 원심판결 확정.

개봉되었다. 이 영화는 억울하게 살인자가 된 10대 소년과 소년의 누명을 벗기기 위해 투쟁하는 변호사의 사투를 담았다.

극 중 주인공인 현우는 살인 현장을 지나가다가 목격한 상황을 경찰에게 얘기하지만 오히려 살인자로 몰린다. 영화는 현우를 통해 대한민국 법이 도대체 무엇을 할 수 있는지 끊임없이 질문을 던진다. 현우는 '법으로 무엇을 할 수 있냐'고 절규한다.[46]

　　죄를 뒤집어쓰고 10년이나 징역을 살았던 최 군에게는 형사보상금으로 8억 4천만 원이 지급되었다. 최 군은 이 중 일부를 사법피해자 조력단체, 진범을 잡는 데 도움을 준 황상만 반장에게 기부했다고 한다. 이처럼 조사받는 피의자가 육체적인 강제나 협박은 물론이고, 비록 이런 강제가 없더라도 조사받던 피의자는 심리적으로 억압 상태에 있어 허위자백을 하는 경우가 많은 것이 수사의 현실이다. 일단 자백이 있으면 재판에서 유죄로 되기 쉽다.

　　그러나 무고한 사람을 처벌하는 것보다 더 큰 부정의는 없다. 무고한 사람이 처벌받게 되면 진범에 대한 부정의가 되고, 억울하게 처벌받은 피고인에 대한 부정의가 된다. 나아가 이것은 사회 전체에 대한 부정의가 된다. 허위자백을 줄이기 위해서는 수사 초기 단계부터 재판 때까지 모든 증거를 올바르게 수집하고 평가해야 한다. 그리고 수사와 재판에 관여하는 모든 이들이 허위자백의 위험성을 인식하고, 그러한 가능성을 줄이려고 노력해야 한다.

센트럴파크 강간 사건

　　미국에서도 허위자백으로 인해 엉뚱한 사람이 범인으로 지목되어 형을 살다가 진범이 발견되면서 석방된 사건이 있었다. 트리샤 메일리(Trisha meili)란 여성은 예일대학교 MBA 과정을 이수한 재원으로, 뉴욕 월스트리트에 있는 투자은행에 근무하고 있었다.

　　1989년 4월 19일 저녁 9시경, 그녀는 평소와 마찬가지로 뉴욕 센트럴파크로 조깅에 나섰다. 그런데 그다음 날 새벽 1시를 넘어 센트럴파크를 걷던 한 행인이 숲속에서 피로 범벅이 된 그녀를 발견하고 경찰에 신고했다. 그녀의 손은 묶여 있었고 입에도 재갈이 물려 있었는데, 너무나 끔찍하게 두들겨 맞은 모습이었다.

　　메일리는 런닝복을 입고 뛰고 있었으나 갑자기 머리를 맞고 정신을 잃어 길가에 쓰러졌으며, 숲속으로 끌려가 구타와 함께 강간을 당했다. 그녀는 5차례나 칼에 찔리기도 했다. 메일리는 무려 12일 동안이나 혼수상태로 있었으며, 이후 기적적으로 살아났지만, 기억상실과 함께 큰 후유증이 생겼다. 메일리는 사건 당시 범인에 대해 전혀 기억하지 못했다.

　　그날 밤 공원을 배회하던 흑인과 히스패닉 10대 소년 5명이 범인으로 몰려 체포되었고, 며칠 후 경찰은, 이들이 자백했다고 발표했다. 법원은 이들에게 8년에서 12년의 형을 선고했다. 그런데 2002년, 살인과 강간죄로 33년을 선고받아 수감 중이던 마티아스

레이예스(Matias Reyes)란 사람이 사실은 자신이 범인이라고 자백했다. 이를 토대로 DNA를 대조해 보니 그가 진범임이 드러났다. 무려 13년이 지나서야 사건의 진실이 드러난 것이었다. 억울하게 누명을 쓰고 10년이나 수감되어 있던 5명과 엉뚱한 사람을 범인으로 알고 지냈던 피해자 트리샤는 뉴욕시를 상대로 소송을 제기했고, 뉴욕시는 피해자들에게 4100만 달러의 배상금을 지급했다.

6장

혐오의 시대

평화의 시대가 도래하리라는 기대와 달리, 세계에는 크고 작은 테러와 전쟁, 혐오가 끊임없이 발생했으며, 삶의 질은 떨어지고 삶은 더 고단해졌다. 이런 분위기 속에서 행위자의 사적 요소가 좀더 부각되었다.

_____과학의 발전과 민주주의의 확산으로 평화의 시대가 도래하리라는 기대와 달리, 세계 각국에는 크고 작은 테러 사건과 전쟁, 혐오 정서의 부각으로 인해 끊임없이 사건이 발생했다. 사회적으로는 스마트폰, 소셜 네트워크의 확산으로 통신망이 발달하고, 이를 통한 사회운동도 활발해졌다.

한국에서는 2010년부터 2017년까지 이명박, 박근혜 대통령이 보수정권을 이끌었고, 이어 문재인 대통령이 진보정권을 이끌고 있다. 대한민국은 김영삼의 '문민정부' 시대와 김대중의 '국민의 정부' 시대 때 태어난 세대가 성인으로 접어들고, 1980년 민주화 운동을 이끌었던 세대가 50대에 접어들어 은퇴기를 맞이하면서 세대 교체가 이루어지고 있다.

인구의 수도권 집중은 여러 정책에도 불구하고 지속되고 있어 시골의 노령화는 더욱 가속화되고 있다. 세계 금융위기의 여파로 경제적으로 어려움을 겪다가 서서히 회복하고 있으나 삶의 질은 떨어지고 실제의 삶은 고단해졌다.

이러한 가운데 2010년 부산의 한 다세대주택에서 이 양이 살해된 사건이 발생했다. 범인은 바로 부산 덕포동 옥탑방에서 틀어박혀 지내던 김길태였다. 범죄학자는 그가 사이코패스의 성향이 있는 데다가 좋지 않은 환경으로 인해 범행에 이른 것이라 분석했다. 김길태는 학교를 그만둔 뒤 사회와의 교류를 끊어 소외되었고, 이런 소외가 범죄를 낳은 것이었다.

2011년에는 서울 마포구 도화동에서 만삭 의사부인이 사망한 사건이 발생했고, 범인으로 남편이 지목되었다. 이 사건은 사망 원인과 사망 시각이 주로 다투어졌고, 여러 면에서 1995년의 치과의사 모녀 살인 사건과 흡사했다. 그러나 이 사건에서 피고인은 유죄판결을 받아, 무죄를 받은 치과의사 모녀 살인 사건과 상반된 결과가 나왔다. 2012년에는 신촌에서 한 대학생이 고등학생들에게 무참하게 살해된 사건이 발생했다. 이들 범인들은 '사령카페'라는 모임에서 제공하는 정보나 가치를 자신의 신념으로 내면화했고, 결국 살인으로까지 나아간 것이다.

2013년에는 교생이 가담하여 고등학교 제자를 사망에 이르게 한 사건이 발생했다. 심리분석가는 이 사건을 소시오패스가 의존적 성격장애인을 조종해서 행한 것으로 분석한다. 또 2015년에는 상주의 한 마을회관에서 사이다를 마신 할머니들이 쓰러지는 사건이 발생했다. 현장에 있던 박 할머니가 범인으로 지목되어 살인죄로 유죄판결을 받았다.

　　2017년에는 미숙아로 태어난 고준희 양이 그의 부친에
의해 죽는 사건이 발생했다. 사건의 발단은 훈육 차원의 체벌
이었다. 이 사건은 아이를 위한다는 체벌이 오히려 아이와 가
정을 파괴할 수 있다는 사실을 보여 주고 있다. 이 시기는 이런
사회 분위기 속에서 범죄 행위자의 개인적인 요소가 좀 더 부
각된 때이다.

소외가 낳은 범죄
부산 여학생 납치살해 사건

　　　　김길태는 1977년 가을, 부산 사상구 주례동의 한 교회 앞에 버려졌다. 당시 딸만 둘이던 양아버지가 2살밖에 되지 않은 아기가 불쌍해 거둬들여 키웠다고 한다. 양아버지의 주변에는 '길태'란 사람이 둘이 있었는데, 다 착하고 바르게 살아서 이들을 닮으라고 길태라는 이름을 지었다고 한다. 초등학교 때에는 김길태도 여느 아이들처럼 활달하고 운동을 잘 했지만 중학교 때부터는 말수가 적어지고 어두운 구석이 늘었다.

　　　　김길태는 1993년 부산의 한 상업고등학교에 진학했는데, 결석하길 반복하다가 결국 학교를 중퇴했다. 그리고 절도 혐의로 소년원에 드나들기 시작했다. 이후 폭행·절도·성폭행

등의 범죄를 반복해서 저질렀다. 교도소 내에서도 폭력을 행사하여 7차례나 규율위반으로 징계를 받았다. 그리고 정신질환자로 분류되어 특별치료시설이 있는 진주교도소로 이감되어 2년 동안 그곳에 있기도 했다. 2001년에는 부녀자를 감금하고 성폭행하여 8년 동안 수감생활을 하다가 2009년에 출소했다. 김길태는 학교를 그만둔 뒤 부산 덕포동 옥탑방에 틀어박혀 지냈고, 친구는 물론 친지들과의 교류도 거의 없었다고 한다.

2010년 2월 24일 오후 9시쯤 부산 사상구 덕포동의 한 다세대주택에서 이 양(당시 13세)[1]이 실종되었다는 신고가 경찰에 접수되었다. 외출했다가 귀가한 이 양의 오빠는 동생이 보이지 않자 어머니에게 연락했고, 어머니는 경찰에 신고했다. 시력이 좋지 않던 이 양이 착용하던 안경과 휴대전화기는 방 안에 놓여 있었다. 화장실 바닥에 외부인의 것으로 보이는 운동화 자국이 3~4개 발견되어, 출동한 지구대 경찰관들은 '납치'가 의심된다고 보고했다.

그러나 현장에 도착한 사상경찰서 형사팀장 등은 주변을 탐문하여 조사한 뒤, 이 양이 평소 '엄마가 오빠만 편애한다'는 얘기를 자주했다는 얘기를 듣고는 단순가출 사건으로 판단했다. 형사팀장은 형사과장이나 경찰서장 등 상부에 보고하지 않았고, 이 양의 집 주변에 대한 수색도 이루어지지 않았다.

이 양이 사라지기 한 달 전인 1월 23일 새벽에 김길태는 길을 걸어가던 여성(당시 22세)을 인근 건물로 납치해서 성폭행했다. 그리고 자신의 거주지인 다세대주택 옥탑방으로 끌고 가서 8시간 동안 감금하고는 2차례나 성폭행했다. 이 여성은 그날 오후 6시에 풀려난 뒤 신고했고, 경찰은 부산 동아대학교 원스톱지원센터에서 피해자를 조사했다. 그다음 날 새벽 0시 20분쯤, 경찰관 2명은 피해자를 차량에 태워 경찰서로 데리고 오면서 현장을 확인하려고 집에 들렀다가 김길태와 마주쳤다.

경찰관은 김길태에게 "위층 사는 사람을 만나러 왔다"고 말했지만 김길태는 "나는 밑에 사는 사람이다. 소변 보러 나왔다"고 둘러대어 검거를 피했다.[2] 아마 당시 경찰관이 김길태의 얼굴을 몰라 검거하지 못했던 것으로 보인다. 그러나 언론은 피해자 여성이 조사를 받으면서 가해자의 인상착의에 대해 진술했을 것이므로 범인과 마주치고도 검거하지 못한 것은 잘못이라고 지적하였다. 만약 당시에 경찰이 김길태를 검거하여 체포했더라면 추가 피해를 막을 수도 있었을 거라고 안타까워하는 시각도 있다.

며칠이 지나도 이 양이 돌아오지 않자 경찰은 이 양이 납치되었을 가능성을 두고 수사를 시작했다. 그리고 이 양의 행방을 알 수 없자 사건 발생 3일 만인 2월 27일, 이 양의 인상착의가 담긴 전단지를 전국에 배포하고 공개수사에 나섰다. 2월 28일, 경찰은 이 양의 집에서 발견된 발자국 등을 분석한 결과 아동 성폭력 전과자인 김길태를 용의자로 보고, 그의 인상착의가 담긴 전단을 전국에 배포했다. 3월 3일 오전 5시쯤, 경찰은 이 양이 살던 집에서 50m가량 떨어진 빈 집을 수색하다가 김길태를 발견했다.

그러나 김길태가 3.5m 높이의 담 아래로 뛰어내려 도주하면서 경찰은 검거하는 데 실패했다. 이후 경찰은 실종 전담팀을 꾸려 수색하고 잠복근무를 하는 등 총인원 3만 명을 동원해서 추적에 나섰다. 대대적인 수색에도 성과가 없자 경찰은 신고 포상금을 올리고 시민들의 제보도 당부했다. 그리고 사건이 발생한 지 10일 만인 6일 저녁, 이 양의 집에서 불과 50m가량 떨어진 권 씨의 집 보일러 물탱크 안에서 이 양의 시신이 발견되었다.

같은 달 8일, 이 양의 시신에서 채취한 유전자를 분석하자 김길태의 유전자와 일치한다는 사실이 확인됐다. 경찰은 총 3만여 명과 헬기, 수색견까지 동원하여 김길태를 수색하는 데 나섰다. 경찰은 사건 현장과 가까운 덕포시장 일대에서 자꾸 음식물이 없어진다는 첩보를 입수하고, 덕포시장 주변을 대대적으로 수색했다. 그리고 김길태가 도주로로 이용할 가능성이 있는 복층 건물의 상층부와 옥상을 집중적으로 수색했다. 부산 경찰청의 장 순경이 덕포시장 근처에 있는 3층짜리 빌라의 옥상문을 여는 순간, 김길태와 비슷한 인상착의를 한 남자가 50㎝ 가량 떨어진 옆 빌라의 옥상으로 달아났다.

　　이를 본 장 순경은 동료인 하 순경을 호출하였고, 그러자 김길태는 빌라 사이의 좁은 공간을 등과 손발로 지탱하며 1층으로 내려갔다. 하 순경은 "길태다"라고 소리치며 장 순경과 함께 그를 뒤쫓았다. 땅바닥으로 내려온 김길태는 유유히 걸어서 주차장 쪽으로 나왔다. 회색 후드티와 카고바지에 파란색 마스크를 쓴 김길태는 주차장에서 이 경사의 얼굴을 후려쳐 넘어뜨렸지만 뒤쫓아 와 몸을 날린 강 경사에게 제압됐다. 이어 주변에 있던 경찰관 2명이 합류하여 발버둥치던 김길태를 체포하였다.[3] 김길태는 이 양 사건에 대해 묵비권을 행사했지만 경찰은 살인과 강간 혐의로 김길태에 대하여 구속영장을 신청하였고 12일, 김길태는 구속되었다. 김길태는 계속 범행을 부인하다가 폴리그래프 검사와 뇌파 검사 이후 심경에 변화를 일으켜 범행을 자백했다.[4]

　　2010년 4월 23일, 김길태는 이 양을 납치, 성폭행한 후 살해하고 시신을 유기한 혐의로 부산지방법원에서 재판을 받았다. 김길태는 재판에서 범죄사실 대부분에 대하여 기억이 나지 않는다며 부인했다.[5] 그러나 법원은 공소사실을 유죄로 인정하고 김길태에 대해 사형을 선고했다. 반면 2심재판부는 김길태의 정신상태가 정상적이라고 볼 수 없으며 범행이 계획적이지 않고 우발적이라면서 무기징역으로 감형했다.[6] 2심판결에 대해 피고인과 검찰 모두 상고하였다. 그러나 대법원은 무기징역을 선고한 원심판결을 그대로 확정했다.[7]

김길태의 범행 일지

전문가들은 김길태에게 사이코패스의 특징이 보인다고 말한다. 경기대학교 범죄심리학과의 이수정 교수는 "김길태는 잠재돼 있던 사이코패스적 성향이 좋지 못한 환경으로 인해 표출됐다"고 분석했다.[8] 부산에는 이 사건 이후 많은 변화가 생겼다. 부산지방경찰청은 성범죄와의 전쟁을 선포하고 우범지역에 있는 치안센터를 지구대로 승격했다. 또한 폐가들을 조사해서 일부는 철거하고 남은 곳은 출입금지 팻말을 붙이는 등, 특별 방범구역으로 지정해서 관리하고 있다. 사건이 발발한 덕포동에서는 주거환경 개선작업이 시작되었다. 주민들이 적극 참여해서 벽화가 그려졌고, '김길태 마을'로 불리던 이 마을은 '덕포 희망디딤돌 마을'로 변신하였다.[9]

사망의 흔적

만삭 의사 부인 사망 사건

      2011년 1월 14일 오후 5시쯤, 서울 마포구 도화동에 있는 한 아파트에서 대학병원 전공의 B(남, 당시 31세)의 부인 박 씨(당시 29세)가 욕조에서 숨져 있는 것이 발견되었다. B는 경찰에 신고했고, 출동한 경찰관에게 B는 만삭인 아내가 갑상선 질병을 앓고 있어 급성 빈혈 등으로 욕조에서 넘어진 후 의식을 잃고 목이 꺾여 사망한 것 같다고 설명했다. 이어 출동한 과학수사대 요원과 수사관들은 현장을 조사했으나 외부에서 침입한 흔적이나 심하게 싸운 흔적은 발견하지 못했다.

      그러나 박 씨는 욕조에 가로로 누워 욕조 밖으로 발을 내놓고 목은 부자연스럽게 꺾여 있어 사인에는 의문이 있었다.

그래서 국립과학수사연구원은 사망 원인을 파악하기 위해 부검을 실시했다. 부검해 보니 사망한 원인은 '경부 압박 질식사'로 나왔다. 누군가 박 씨의 목을 졸라 살해한 것이다. 이렇게 판단한 근거는 피해자의 목 피부가 벗겨졌고, 오른쪽 목 안의 근육 속에서 출혈이 발견되었기 때문이었다.

피해자 가족에 따르면 B는 전문의 시험으로 스트레스를 받고 있었고, 아내와의 다툼도 심했다고 했다. 그리고 피해자 박 씨의 손톱 밑에서 피부 조직이 발견되었다. 박 씨의 손톱 밑에서 나온 피부는 DNA 검사를 하자 B의 것으로 드러났다. 검찰은 박 씨가 목이 졸려 질식사를 당했고, 사망한 후 욕조로 옮겨진 것으로 추정했다. 검찰은 진술 분석 전문가를 통해 남편 B 진술의 신빙성을 분석했다. 그리고 프로파일러를 동원해서 면담하게 하여 B의 성격과 성향도 분석했다. 프로파일러는 드러난 정황증거를 아울러 분석해서 B가 범인일 가능성이 높다고 분석했다. 이를 토대로 검사는 박 씨가 평소에 건강했기에 실신해서 쓰러졌을 가능성이 거의 없고, 이불에서 혈흔과 박 씨의 소변 흔적이 발견된 것도 사인이 '경부 압박 질식사'임을 보여 주는 증거라고 주장했다.[10]

법원은 B에 대한 구속영장을 발부했다. B는 조사받을 때, 휴대전화가 가방 속 머플러에 둘러 쌓여 있어 그날 전화를 받지 않았다고 진술했다. 그러나 도서관 CCTV를 분석해 보니 그날 B는 목에 머플러를 두르고 점심식사를 하고 나온 것으로 드러났다. 이러한 증거도 영장실질심사 때 반영된 것으로 보인다.[11] B는 자신이 결백하다고 주장했다. 자신의 팔과 등에 난 상처는 피부 질환으로 긁어서 생긴 것이고, 얼굴의 상처는 찬장 모서리에 부딪쳐서 생긴 것이며, 박 씨 손톱 밑의 피부는 아내가 자신의 가려운 등을 긁어 주다가 들어갔다는 것이다.[12]

부인 박 씨의 목과 몸은 욕조에 누워 있었으나 목은 앞으로 숙여 있었다. 여기에 대해 B는 아내가 빈혈로 인해 균형을 잃어 뒤로 넘어진 후 이상자세로 인해 질식사를 당했다고 주장했다. 그러나 경찰은 평소 박 씨에게 빈혈 증상이 없었고, '이상자세로 인한 질식사'의 경우 만취되어 몸을 가눌 수 없을 경우 등의 상황에 일어나는데 박 씨에게는 해당되지 않는다고 보았다. 결국 B는 구속되어 재판을 받았다.

1심재판 때 B 측은 캐나다의 법의학자 마이클 스벤 폴라넨 박사를 증인으로 신청했다. 그는 '이상자세에 의한 질식사'에 대한 논문을 쓴 사람이다. 검사는 국립과학수사연구원 법의관과 서울대학교 의과대학 교수를 증인으로 신청했다. 폴라넨 박사는 시신 자세가 전형적인 '이상자세 질식사'의 형태이고, 목의 상처와 멍, 얼굴의 출혈 현상은 쓰러진 후 의식을 잃고 목이 꺾여 숨을 쉬지 못한 이상자세에 의해 발생한 질식사의 징후라고 주장했다. 검사 측 법의학자들은 시신의 목 피부가 벗겨진 것은 '이상자세 질식사'로 인한 것이 아니라고 맞섰다.

2011년 8월 18일, 검사는 무기징역을 구형했다. B 측은 "유죄가 인정된다면 차라리 사형을 선고해 달라"라고 말했다. 9월 15일, 서울서부지방법원은 B에 대한 살인죄를 유죄로 보고 징역 20년을 선고했다. 법원은 B의 주장에 합리성이 없고, 부인을 살해한 것에 의심의 여지가 없다고 보았다. B는 항소했

만삭 의사 부인 사건의 양측 주장

	검사 주장	변호인 주장
목, 뒤통수 출혈	목 조름. 숨지기 전에 생긴 출혈.	숨진 뒤 주검의 피부에 나타나는 반점.
얼굴의 혈흔 흐름이 바뀐 이유	다른 곳에서 살해되고 시신이 옮겨짐.	장시간 목이 접힌 채 흔들려 피 흐름의 방향도 바뀜.
남편 팔과 이마 등의 상처	사망 전 부부 싸움을 하여 생긴 손톱자국으로 추정됨.	피부 질환, 찬장 모서리에 부딪힌 것.
사망 원인	목 졸림에 의한 질식사.	욕실에서 넘어져 충격을 받은 뒤 욕조에서 누워서 죽은 '이상 자세에 의한 질식사'.
시신의 손톱에서 발견된 피부 조각	사망 전 부부 싸움을 하다 생긴 흔적.	생전에 부인이 남편의 가려운 등을 긁어 주다가 들어간 것임.

고, 검사는 무기징역을 구형했다.[13] 2심에서도 같은 징역 20년이 선고되자 B는 다시 상고를 제기했다.[14]

그러자 대법원은 증거 불충분을 이유로 B에 대한 원심 판결을 파기하고 사건을 서울고등법원으로 돌려보냈다. 대법원은 욕조에서 사망한 채 발견된 피해자의 자세가 특이하여 '이상자세에 의한 질식사' 가능성을 완전히 배제할 수 없다고 보았다. 그리고 6시 41분에 B가 출근한 이후에 피해자가 사망했을 가능성도 있으며, 전문의 시험에 합격할지 불투명해서 부부 싸움이 벌어져서 사건이 벌어졌다는 살해의 동기도 충분히 소명되지 않았다고 밝혔다.

그러나 2012년 12월 7일, 서울고등법원은 B에 대한 유죄를 인정하고 징역 20년을 선고했다. 법원은 피해자의 목 부위의 피부가 까지고, 오른쪽 턱뼈 주위에 멍이 있으며, 근육 내에 출혈이 있고 이마와 얼굴 등에 상처가 있는 것으로 보아 피해자가 목이 졸려 사망한 것으로 보았다. 그리고 피해자의 상처, B의 옷에서 발견된 피해자의 혈흔, 당시 B의 행동 등으로 미루어 볼 때 제3자가 범행했을 가능성은 희박하다고 판단했다. B는 다시 상고하였고 2013년 4월 26일, 대법원이 유죄로 판단하면서 B에 대한 징역 20년은 그대로 확정되었다.

SBS의 《그것이 알고 싶다》에서 사건을 분석했다. 제작진은 3D 모션캡처 방식을 사용해서 과연 B가 주장하는 사고사의 자세가 나올지, 그렇지 않을지 검증해 보았다.[15] B가 주장하는 이상자세에 의한 질식사란 이렇다. 만삭인 부인이 실신하면서 욕조 속에 목이 접힌 상태로 쓰러졌고, 정신을 잃은 상태에서 자세를 잡지 못해 결국 목에 피가 통하지 않아 숨진 것이다. 그런데 숨진 부인 박 씨의 다리는 욕조 밖으로 나와 있었고, 목은 욕조 안에서 꺾여 있었다.

그래서 제작진은 남편이 주장하는 자세로 사망에 이를 가능성을 재현해 보았다. 그러나 B가 주장하는 이상자세에 의한 질식사에 이르려면 만삭인 부인이 뒷걸음질해서 욕조 턱에 걸려 뒤로 넘어져야 했다. 이럴 가능성을 완전히 배제할 수는 없지만, 그렇다고 이런 이상자세로 질식에 이를 가능성은 낮아 보였다. 이 사건은 '사망 원인'과 '사망 시각'을 다퉜다는 점에서 1995년의 치과의사 모녀 살인 사건과 자주 비교된다. 사건이 대법원을 거쳐 파기환송된 점도 비슷하다. 그러나 치과의사 모녀 살인 사건의 피고인은 무죄를 선고받았지만 이 사건에서는 유죄판결을 받아 상반된 결과가 나왔다.[16]

B가 유죄판결을 받게 된 것은 무엇 때문일까? 몇 가지를 생각해 볼 수 있다.[17] 우선 B의 이마에는 왼쪽 아래 대각선 방향으로 'ㄴ' 자 형태로 된 상처가 있었다. 그리고 양팔에도 가

로 1cm, 세로 0.5cm가량 길게 패인 상처를 비롯해 9개 가량의 긁힌 상처가 있었다. 그리고 오른쪽 관자놀이와 귀밑, 왼쪽 뺨, 등과 어깨에도 긁힌 상처가 있었다. 이런 상처에 대해 B는 피부 질환과 찬장 모서리에 부딪혀서 생긴 것이라 주장했지만 의구심을 불식시키지는 못했다.

다음으로 부인 박 씨의 시신은 목과 이마의 피부가 까져 있었고 눈가가 찢긴 채 멍이 있었다. 또 팔다리에는 멍이, 목 안쪽 기도에는 내부출혈도 있었다. 이를 두고 B는 숨진 뒤 주검의 피부에서 나타나는 현상이라고 설명했지만, 설득력이 부족했다. 그리고 결정적으로 부인 박 씨의 손톱에서 발견된 B의 DNA와 안방 장롱 속에서 발견된 B의 옷에서 검출된 부인 박 씨의 혈흔, 욕실에서 발견된 B의 혈흔을 증거로 들 수 있다. B는 이것이 부인이 자신의 가려운 등을 긁어 주다가 생긴 것이라 주장했지만 설득력이 부족했다.

신념에 이끌린 참화
신촌 대학생 살인 사건

_____2012년 12월 30일 오후 8시 47분쯤, 서울 신촌역 인근에 있는 창천동 바람산어린이공원에서 강원도에 있는 모 대학교 학생인 김 씨(남, 당시 20세)가 온몸이 흉기에 찔려 숨진 채 발견되었다. 김 씨는 목과 배에 40여 곳이 찔렸다.

마침 공원을 산책하던 동네 주민 정 씨가 쓰러져 있는 김 씨를 보고 경찰에 신고했다. 정 씨는 "공원 정상으로 올라가는 길에 한 사람이 쓰러져 있고, 서 있는 남자 두 명 중 한 명은 흉기로 보이는 물건을 들고 있었는데, 조금 있다 보니 쓰러져 있던 사람이 사라졌다"고 진술했다. 경찰이 출동했을 때에는 정 씨가 말한 장소에 시신이 없어 주변을 수색한 끝에 수풀

속에서 시신을 찾을 수 있었다. 경찰은 공원에 설치된 폐쇄회로카메라(CCTV)에 찍힌 인물의 인상착의를 통해 용의자로 지목된 고등학생 이 모(남, 당시 16세)를 조사하고, 같이 있던 고등학생 홍 모(여, 당시 15세)도 조사했다. 그리고 달아난 윤 모(남, 당시 20세)를 추적했다.

숨진 김 씨는 주말을 이용해서 그달 27일, 서울에 있는 집으로 왔다. 사건 당일 오후 3시쯤 "학교에 돌아간다"며 집을 나섰다. 김 씨는 친구에게 '카페에 빠진 여자친구를 구하러 나간다', '신촌으로 ○○○를 만나러 간다'는 메시지를 남긴 후 시신으로 발견되었다. 경찰이 확보한 CCTV 영상에는 오후 8시 10분쯤, 이 모와 홍 모, 윤 모가 공원 계단에 오르고 있고, 세 걸

사건 현장

음 뒤에 김 씨가 걷고 있었다. 그리고 1시간 뒤에 이 모와 윤 모가 내려오는 장면도 찍혀 있었다.

사건의 경위를 살펴보자면 이렇다. 2011년 3월 피해자 김 씨는 인터넷 게임사이트에서 박 모(여, 당시 20세)를 알게 되었다. 이후 두 사람은 사귀게 되었고, 박 모의 소개로 이 모와 홍 모도 서로 알게 되었다. 박 모는 이 모의 과외교사였다. 김 씨는 여자친구 박 모가 '사령(死靈)카페'에 가입한 것으로 인해 박 모를 비롯한 카페 회원들과 사이에 갈등이 있었다. 박 모는 사령카페에 가입한 뒤부터 자신이 '악령계에서 인증을 받은 진짜 마녀'라고 말하고, '영혼을 소환하는 의식을 치른다'는 말도 하고 다녔다. 박 모는 이 모와 홍 모를 사령카페에 불러들였고, 김 씨 역시 호기심에 가입했다가 카페 회원들의 활동이 우스꽝스럽게 느껴져 얼마 안 가 발길을 끊었다고 한다.

박 모는 진지하게 자신이 치유마법을 쓸 수 있는 영적 능력을 가진 마녀라고 주장하였고, 카페에서 활동하는 10대들로부터 지지를 받았다. 이러한 박 모를 지켜보던 김 씨는 박 모에게 사령카페에서 탈퇴하라고 종용했다. 그러나 박 모는 반발했고, 두 사람 사이는 악화되었다. 박 모가 주변 사람들에게 김 씨에 대한 나쁜 얘기를 하여 어느덧 박 모 주변 사람들은 그를 박 모를 괴롭히는 사람으로 인식하였다. 그리고 김 씨는 이 모와 카카오톡을 주고받다가 말다툼을 해 사이가 나빠졌다.

2012년 4월, 김 씨가 결별선언을 하면서 김 씨와 박 모는 연인 관계를 청산하게 됐다.[18] 그리고 박 모를 중심으로 한 이들은 김 씨만 제외하고 따로 채팅방을 만들었다. 그러자 김 씨는 따돌림을 당했다고 생각하고 격하게 반응했다. 4월 24일, 박 모는 블로그에 '네(김 씨)가 죽었으면 죽겠어!!'라는 글을 올렸다. 그러자 박 모의 영향을 받은 이 모도 스마트폰 메신저 서비스(틱톡)에 "김○○을 죽여 버려야겠다"는 글을 남겼고, 29일까지 "죽여 버려야 겠다. 이 일을 처리해 줄 사람이 있다"는 글을 여러 차례 남겼다. 김 씨는 일단 이 모에게 사과하고, 박 모가 사령카페에서 탈퇴하도록 이 모를 설득하려고 마음먹었다.

사건 전날인 4월 29일, 김 씨는 이 모에게 집으로 찾아가겠다고 연락했다. 이때 이들은 이미 김 씨를 죽이려는 계획을 꾸미고 있었고, 이 모는 김 씨에게 다음 날 오라고 말했다. 범행 당일인 4월 30일, 이 모는 윤 모에게 흉기를 준비해 달라고 말했다. 그리고 오후 6시, 윤 모는 단검 1자루, 버터플라이 나이프(두 개의 손잡이가 있는 접이식 주머니 나이프, '발리송'이라고도 불린다) 1자루를 준비했다. 오후 7시쯤, 김 씨는 친구들과 헤어져서 혼자 신촌으로 갔고, 계속해서 친구들과 카카오톡으로 메시지를 주고받았다. 오후 7시 23분, 김 씨는 이 모와 홍 모를 만나서 사과하고 박 모를 사령카페에서 빼낼 생각으로 그들(이 모와 홍 모)에게 선물로 줄 그래픽 카드를 들고 신촌으로 가고 있다는 내용의 메시지를 친구에게 보냈다.

7시 30분에 이 모와 홍 모, 박 모는 이 모의 집에 있다가 김 씨를 만나러 집을 나섰으며, 도중에 윤 모를 만나 흉기를 건네받았다. 박 모는 집으로 간다면서 전철역으로 가서 일행과 헤어졌다. 신촌 먹자골목에서 만난 이들은 일단 이 모의 집으로 갔다가 이곳저곳을 다녔고, 김 씨를 인근 광천동 바람산 어린이공원(이곳은 신촌역에 가깝지만 으슥하여 사람들의 왕래가 많지 않은 곳이다)으로 유인했다. 8시 13분, 김 씨는 "점점 골목. 왠지 수상"이라는 카카오톡 메시지를 친구에게 남긴 후에 연락이 두절되었다.[19]

공원 계단에 설치된 CCTV에는 이 모와 윤 모를 뒤따라 오르는 가방을 멘 김 씨의 모습이 촬영되었고, 홍 모는 범행 현장 부근에서 대기하고 있었다. 이 모는 김 씨와 말다툼을 하였고, 김 씨가 노트북을 켜려고 하는 순간, 윤 모가 김 씨의 등 뒤에서 전선으로 김 씨의 목을 졸랐다. 이 때 이 모는 칼로 김 씨를 10여 차례 찔렀다. 김 씨가 "미안하다. 살려 달라"고 애원하였으나 윤 모는 김 모를 넘어뜨리고 칼과 둔기로 번갈아 가며 김 씨를 찌르고 때려 살해했다. 범행 직후 이들은 김 씨의 시신을 길 바로 아래 언덕으로 밀어 은폐하려 했다. 그런 다음 김 씨의 노트북과 김 씨가 가지고 온 그래픽 카드를 절취해서 그곳을 떠났다가 다시 돌아와 김 씨의 휴대전화, 노트북과 헤드셋이 들어 있는 가방을 가져갔다.

그날 저녁, 카카오톡 대화방에서 김 씨와의 연락이 두절되어 걱정하던 친구들은 김 씨의 휴대전화로 전화했으나 통화가 되지 않았다. 친구들은 경찰에 신고하고 가해자들에게도 전화하였으나 이들은 모른 척하였다. 경찰은 처음에는 김 씨가 가지고 있던 핸드폰, 노트북 등이 없어진 점으로 미루어 강도의 소행이라고 의심했으나, CCTV에 가해자들과 김 씨가 같이 걸어가는 장면을 보고 가해자들을 검거하기에 이른다. 5월 1일, 범행 직후 데이트를 약속했던 이 모와 홍 모는 신촌의 한 찜질방에서 체포되었다. 윤 모는 5월 2일, 자신의 집에서 체포되었고, 5월 29일에는 영장이 기각되었던 홍 모와 불구속으로 조사받던 박 모도 구속되었다.

2012년 10월 8일, 서울서부지방법원에서 이들에 대한 재판이 열렸다. 검사는 살인죄로 기소된 이 모에게 징역 15년을, 윤 모에게 무기징역형을, 홍 모에게 징역 15년을, 살인방조죄로 기소된 박 모에게 징역 12년을 구형했다. 이들의 변호인들은 우발적인 살인이었고, 실제로 사건이 일어날 줄 몰랐다는 식으로 변론했다.[20] 10월 24일, 법원은 고등학생인 이 모와 대학생 윤 모에게 징역 20년을, 고등학생 홍 모에게 장기 15년, 단기 7년을, 대학생인 박 모에게는 징역 7년을 선고했다. 이 모에게는 검찰이 구형한 징역 15년보다 높은 형이 선고됐다.

법원은 "사전에 계획된 바에 따라 피해자를 잔인하게 살인한 피고인들에 중형 선고가 불가피하다"며 양형의 이유를 밝혔다. 그리고 "윤 모와 이 모는 사전에 흉기와 도구 등을 준비해 별 다툼이 없는 상태에서 피해자를 찌르고 시신을 유기까지 했다"면서 "무기징역형을 선고해야 하지만 이들이 미성년 자임을 감안해 이보다 낮은 형을 선고한다"고 밝혔다.

또한 범행 현장에 없던 박 모에 대하여 "'지갑을 빼서 단순 강도로 위장하고 돈을 나누자'고 제안하는 등 다른 피고인들이 피해자를 살해하도록 정신적 방조를 한 혐의가 인정된다"고 판단했다.[21] 1심판결에 대해 검사와 피고인들 모두 불복하여 항소했으나 서울고등법원은 2013년 1월, 양측의 항소를 모두 기각했다. 상고심인 대법원도 "범행 경위와 내용, 범행 후의 정황 및 피해감정 등 양형기준이 되는 모든 사정을 고려할 때, 원심이 유지한 1심 형량이 심히 부당하지 않다"고 판시하면서 원심판결을 그대로 확정하였다.[22]

김 씨가 고등학교 학생들에 의해 무자비하게 찔려 살해

당하자 그 소식을 접한 국민들은 큰 충격을 받았다. '어린 10대들이 어떻게 이렇게 무참하게 살해할 수 있는가'에 놀랐고, '사령카페란 곳은 도대체 어떤 곳인가'를 궁금해 했다. '사령카페'란 악령(惡靈)에 대항하기 위해 죽은 사람의 영혼인 사령(死靈)을 부린다는 모임이다. 이곳에서는 사후세계, 전생이나 영생 등에 대한 여러 가지 이야기나 정보가 소통된다.

피해자인 김 씨의 친구는 "사령카페에서 악령을 쫓아내는 방법 중에 '기(氣)와 마나(정신적 기운)를 담아 칼로 수차례 찍는다'는 방법이 있는데, 그걸 보고 한 일 같다"고 말했다.[23] 구성원들이 장기적으로 이런 곳에서 활동하다 보면 이러한 정보를 일종의 신념 상태로 내재화하게 되고, 이를 믿게 된다. 이를 통해 사령카페가 사이비 종교화되는 것이다.[24]

정체성의 혼란이 찾아오는 청소년 시기에는 어딘가에 소속되려는 욕구가 큰 법인데, 학교가 이런 청소년들의 욕구를 충족시켜 주지 못할 때, 청소년들은 온라인에서 자신의 존재가치를 알아보는 카페의 구성원으로서 보람과 가치를 느끼게 된다. 전문가들은 카페에서 제공하는 여러 정보나 가치세계를 그대로 내면화해서 문제가 발생하는 것으로 분석한다.[25] 후일 류승완 감독이 이 사건을 모티브로 해서 《유령》이란 단편영화를 제작했고, 이 영화는 2014년 5월에 개봉했다.

불멸로부터 도피
인천 교생 살인 사건

2013년 6월 29일, 인천에 있는 한 원룸에서 고등학교를 중퇴한 권 군(당시 16세)이 온몸에 3도 화상(진피 전층과 피하조직까지 손상을 입은 전층 화상)을 입고 숨진 채 발견되었다. 인천 연수경찰서는 2월부터 권 군과 동거하며 과외를 해 주던 A(여, 당시 29세)를 유력한 용의자로 보고 검거했다. 화장실에서 알몸인 채로 발견된 권 군은 얼굴과 온몸에 화상을 입은 상태였다. 권 군과 동거하며 과외교습을 하던 A가 권 군에게 냄비 2개에 물 4L를 끓여 그 물을 들이부었고, 전신에 화상을 입은 권 군은 치료를 받지 못한 채 방치되어 있다가 패혈증(미생물에 감염되어 전신에 걸쳐 염증 반응이 일어나는 상태)으로 사망한 것이다.[26]

당시 원룸에 있던 A는 순순히 범행을 자백했다. 그러나 A는 이틀 전, 권 군이 갑자기 자신의 옷을 벗기며 성폭행하려 했고, 이를 막으려고 끓고 있던 물을 부었다면서 정당방위라고 주장했다. A는 자신의 주장을 뒷받침한다는 증거로 동영상을 제출했다. 동영상은 숨진 권 군이 발견됐을 때 심폐소생술을 했던 C(남, 당시 29세)가 찍은 것이었다. 2분짜리 동영상에는 권 군이 온몸에 화상을 입은 채 속옷만 입고 화장실 앞에서 두 손을 모으고 서 있는 장면이 나온다. 동영상에서 A는 권 군에게 "나 죽을 뻔했어. 보리차 안 끓이고 있었으면 나 죽을 뻔했어. 성폭행당할 뻔했어"라고 울부짖는다. 권 군은 "옷 안 벗겼습니다. 저는 그냥 진짜 당했죠"라는 말을 반복했다. 그리고 "내가 아니라 누나가 먼저"라고 말하는 장면에서 동영상은 끝이 난다.[27]

경찰은 이들의 스마트폰을 압수하여 지워져 있던 대화 내용을 복구하였다. 그리고 A가 C와 주고받은 휴대전화의 메시지를 분석해 보니 A가 권 군에게 끓는 물을 부은 때는 27일 새벽이 아닌 26일 오후였음이 드러났다. 그런데 권 군은 키가 172㎝에 몸무게가 100㎏에 이르는 건장한 체구를 지녔다. 게다가 경호원이 되려던 권 군은 태권도를 비롯한 여러 운동을 꾸준히 하였다. 경찰은 그런 권 군이 폭력을 당하고만 있었다는 것이 의심스러웠다. 그래서 A의 자백에도 불구하고 프로파일링

(범인의 여러 행동을 분석해서 범행의 특징을 추론하는 방법)을 시도하였다. 그러자 A는 권 군이 원하는 대로 공부를 하지 않아 끓는 물을 부었고, 권 군이 성폭행하려고 한 적은 없다고 실토했다.

인천의 작은 원룸에서 일어난 이 참혹한 사건은 2012년 4월, A와 B가 권 군을 만나면서 시작되었다. 강원도 강릉에 있는 모 대학교 사범대학의 졸업을 앞둔 A와 B는 강릉의 한 고등학교로 교생실습을 나갔다. A는 권 군의 방과 후 지도까지 자처하며 권 군에게 특별한 관심을 보였다. A는 권 군을 마치 동생처럼 보살폈고, B는 권 군에게 공부를 열심히 하라며 가끔씩 관광지를 데리고 다니며 바람을 쐬어 주곤 했다.

B와 권 군이 사귄다는 사실은 B와 절친한 사이였다는 A도 몰랐지만, A의 고등학교 친구이자 사범대학 동기인 B(여, 당시 28세)는 권 군과 사귀던 사이였다. 경호원이 되겠다며 운동에 몰두하던 권 군은 B가 교생으로 온 후 하위권이었던 성적이 반에서 10등 안에 들 만큼 많이 올랐다. 그러자 권 군의 부모님도 B를 신뢰하였다. B가 권 군에게 제자 이상의 호감을 느끼며 둘은 가까워졌고 두 사람이 사귄다는 소문이 좁은 동네에 빠르게 퍼져 나갔다.

임용고시를 앞둔 B는 소문이 빠르게 퍼져 나가자 당황했다. 제자와 교제했다는 사실이 알려지게 되면 임용도 장담할 수 없는 노릇이었다. 그리고 자신이 고향인 인천으로 돌아가면 강릉에 남은 권 군이 자신과의 사이를 털어놓을까 염려되었다. 그래서 B는 자신의 삼촌으로 가장해서 권 군에게 문자메시지를 보냈다. 'B의 삼촌인데 B에게 정신교란증이 왔다'면서 B가 권 군과의 관계가 알려지면서 고통을 받고 있다는 내용이었다.

　　문자를 받은 권 군은 한 여자의 인생을 망쳤다는 죄책감에 학교를 자퇴하겠다고 선언했다. 권 군이 자퇴를 결심하게 된 것은 B가 인천으로 간 것도 원인이 된 것으로 보인다. 부모님의 만류에도 불구하고 권 군은 검정고시를 보겠다고 말했고, A도 권 군의 공부를 돌봐 주겠다며 권 군의 부모님을 설득했다. 부모님의 동의를 받은 권 군은 B가 있는 인천으로 향했다.

　　그러나 B는 C란 다른 남자를 만나고 있었다. 그래서 B는 자신의 말이라면 무엇이든 따르는 A에게 권 군을 맡겼다. 인천으로 온 권 군은 A와 교습 동거를 시작했다. 그러나 B를 보는 일이 거의 없게 되자 권 군의 성적은 점점 떨어졌고 권 군의 성적이 오르지 않자 A는 체벌을 하기 시작했다. A는 성적이 오르면 B를 만나게 해 주겠다며 권 군을 어르기도 했다. 그러나 권 군의 성적은 오르지 않았고 자신의 힘만으로는 권 군이 말을 듣지 않자 A는 B와 C에게 부탁해서 이들도 체벌에 가담하게 됐다.

권 군이 집에 돌아가겠다고 하면 B는 '열심히 공부해서 시험에 붙어 나랑 살자'며 구슬렸다. 그런데 검정고시가 얼마 남지 않았음에도 권 군의 성적이 오르지 않자 체벌의 수위도 점점 높아졌다.[28] A는 수사 초기 때 자신의 단독 범행이라고 주장했다. 그러나 경찰이 A의 문자내역과 통화기록을 조사해 보니 B와 C가 깊숙이 개입한 정황이 드러났다. 그래서 경찰은 B와 C도 공범으로 구속하였다. 조사를 할수록 사건의 중심에 B가 있다는 정황들이 나타나기 시작했다.[29] 검찰은 범행 동기를 밝히기 위해 카카오톡 메시지를 복원하고 프로파일링을 실시하여 A에게 의존형 성격장애가 있음을 밝혀냈다.

A는 B에게 이상할 정도로 의존적이었다. 그녀는 B의 옷이나 말투를 따라했으며 B를 따라 같은 대학에 진학했고, B의 부탁으로 권 군을 떠맡기도 했다. 차를 타면 B가 항상 주군처럼 뒷좌석에 앉았다. 경찰은 A가 '원이'라는 인물에게도 의존하고 있다는 사실에 주목했다. 2009년 B의 소개로 만나 교제를 시작했다는 '원이'라는 남자는 미국에서 유학하고 있어 문자로만 교제하고 있었다. '원이'가 뚱뚱한 여자를 좋아한다고 하자 A는 일부러 몸무게를 늘리기도 했다.

권 군의 시험이 가까워지자 '원이'는 A에게 "권 군이 검정고시 합격하지 못하면 야쿠자가 저희 어머니를 죽일 거래요"

라는 문자를 보냈다. 결국 이 문자로 극도로 불안해진 A는 권 군에게 끓는 물을 붓게 되었던 것이다. 그러나 '원이'는 B가 만들어 낸 가상의 인물이었다. 1심재판 초기만 해도 A는 B를 열심히 보호하려 애썼다. 그런데 1심재판 중이던 10월, '원이'가 B가 만들어 낸 가상의 인물인 '사이버 연인'이라는 사실을 알게 된 A의 심경에 변화가 일어났다. 결국 A는 B와 C도 권 군의 폭력에 가담했고, B가 자신에게 권 군이 자신을 성폭행한 것처럼 옷을 벗기고 동영상을 찍으라고 했다는 사실을 털어놓았다.[30]

2013년 12월 20일, 인천지방법원은 주범 A에게 상해치사죄로 징역 7년을, B에게 상해 및 폭행죄로 징역 2년을, C에게 상해 및 폭행죄로 징역 8월을 선고하였다. 2014년 9월 24일, 대법원은 A에게 징역 7년을 선고한 원심판결을 확정했다. 공범으로 기소된 B와 C에게는 징역 2년과 8월을 선고했다. 법원은 심신미약의 상태에서 행해진 것이라는 A의 주장을 받아들이지 않았다. 법원은 "범행 경위와 수법, 범행 전후의 행동과 기타 정황 등을 검토한 결과, 사건 당시 심신미약 상태가 아니었다고 본 원심 판단에 잘못이 없다"고 밝혔다.

이어 법원은 B와 C에 대하여 "피해자에게 세정제를 먹이려고 하거나 벨트 등을 이용하여 피해자의 팔 등 부위, 엉덩이, 허벅지 등을 때리는 등으로 피해자를 폭행하거나 피해자에게 치료일수 불상의 상해를 가한 사실은 인정된다"고 하면서도 "피고인들이 피해자에게 가한 것으로 인정되는 위 상해와 피해자의 사망 사이에 상당한 인과관계가 있는 것으로 인정하기 어렵다"고 판시했다.[31]

체코의 소설가 밀란 쿤데라는 『불멸』에서 사람들의 기억에 남아 사라지지 않는 것을 '불멸'이라 표현했다. 『불멸』은 사람들의 기억에서 남아 사라지지 않는 '소문'을 둘러싸고 고군분투하는 인물상을 그리고 있다. 인천 교생 살인 사건도 바로 '소문'에 대한 두려움이 불러온 참극이었다. 심리분석가들은 이 사건을 자기애성 성격장애인, 다시 말해 '소시오패스(sociopath)'인 B가 의존형 성격장애인 A를 조종한 것으로 분석한다. A는 어린 시절 부모의 관심을 제대로 받지 못하며 자랐다고 한다. 부모와의 안정된 애정 관계에 실패하면 성장해서도 대인 관계가 원만하지 못하는 경우가 많다. 그리고 이들 중에는 의존적 성격이 강한 경우가 많다. 이들 정서는 불안정하여 안정적인 관계를 유지하기 어렵다.[32] 그래서 A도 B에게 지나치게 의존하였고, 버림받지 않으려고 전전긍긍하였던 것이다. 권 군에게 직접 폭력을 행사한 A는 의존형 성격장애인이고, 자기애적 성격장애인인 B가 A를 조종하였다는 것이다.

A와 B는 돌봄과 의존의 관계에 있고, C 역시 B에게 의

존하는 관계에 있다고 본다. '원이'라는 남성은 B가 만들어 낸 가상의 인물이며, B가 '원이' 행세를 하였으며, '원이'를 통해 A 와 B의 유대성은 더욱 깊어졌다는 것이다. 소시오패스는 잘못 된 행동이라는 것을 알면서도 반사회적 범죄를 저지르며, 강력 범죄의 대부분은 '소시오패스 범죄' 유형에 가깝다고 한다.[33] 후 일 TV조선의《추적자》에서 이 사건을 다루었다.

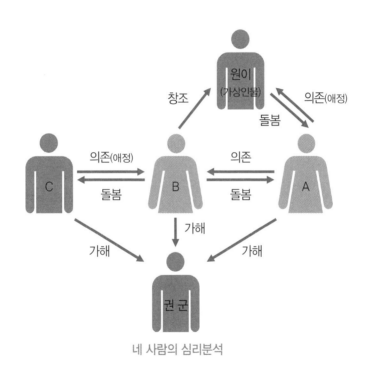

네 사람의 심리분석

사이코패스 vs. 소시오패스

사이코패스에 의한 연쇄살인, 소시오패스에 의한 범죄가 잇따르며 '사이코패스와 소시오패스란 과연 무엇인가?'라는 의문이 사회 이슈로 떠오르고 있고, 이들의 심리특성을 다룬 프로그램 《KBS 스페셜: 악의 가면 사이코패스》도 나왔다.

사이코패스(psychopath)란 반사회적 행동, 공감 능력과 죄책감 결여, 낮은 행동 통제력, 극단적인 자기 중심성, 기만 등과 같은 성향이 높게 나타나는 사람을 가리킨다. 반면 소시오패스(sociopath)란, 자신의 성공을 위해서는 수단과 방법을 가리지 않고, 양심의 가책을 느끼지 않는 사람을 말한다.

그러면 사이코패스와 소시오패스는 어떻게 구별될까? 가장 뚜렷하게 구별되는 기준은 사이코패스는 충동적이고 즉흥적이며 두려움을 느끼지 못하는 기질을 가지고 태어난다는 점이다. 이와 다르게 소시오패스는 정상적인 기질을 가지고 태어났지만, 성장기의 결핍 원인에 의해 성격장애로 가린다.

이 점이 양자를 구별하는 가장 뚜렷한 기준이라 할 수 있다. 그 외에도 사이코패스는 감정억제를 잘하지 못하나 소시오패스는 감정조절에 뛰어나고 타인의 감정을 잘 이용한다는 점, 사이코패스는 자신의 무서운 기질을 쉽게 드러내지만, 소시오패스는 평범한 사람의 모습으로 존재한다는 점에서도 차이를 보인다.

미국의 정신의학에서는 사이코패스와 소시오패스란 진단명을 사용하지 않으며, 이 둘을 '반사회적 성격장애'로 통합하여 부른다. 반사회적 성격장애란 타인의 권리를 침해하고, 법으로 정하고 있는 규칙을 따르지 않으며, 충동적이며 공격적인 행동을 보이는 성격장애를 뜻한다. 이러한 인격장애는 유전적으로 가지고 태어났거나, 부모의 결핍 혹은 학습으로 인한 행동습관으로, 사회환경에 따라서 나타난다. 결국 이러한 인격장애는 기질과 환경의 소산인 셈이다.

I

마을에 무슨 일이?
상주 농약 사이다 사건

2015년 7월 14일 오후 경북 상주시 공성면에 있는 마을 회관에서 할머니들이 전날 초복 마을잔치 때 마시고 남은 사이다를 마셨다. 7명 중 6명이 마셨는데, 이 할머니들은 거품을 토하며 쓰러져 병원으로 이송되었다.

국립과학수사연구원에서 감정해 보니 사이다 페트병에는 고독성 살충제인 '메소밀'이 들어 있었다. 이 농약은 맹독성 농약으로, 2012년 판매가 금지된 제품이다. 7월 15일, 병원에서 치료받던 정씨 할머니(당시 81세)가 사망했다. 7월 16일에는 할머니 5명 가운데 4명이 중태였고, 신씨 할머니(당시 65세)만 의식을 찾아 경찰의 조사를 받았다. 신 할머니의 남편은 사건 전날 날씨가 더워서 사이다를 꺼내어 나눠 마셨고, 사건 당일 마을회관에 모여 사이다를 다시 마셨다고 말했다.[34]

경찰은 7월 17일, 농약이 든 사이다를 마시지 않은 박 모 할머니(당시 82세)를 용의자로 체포하고, 그 집을 압수수색했다. 박 할머니는 그날, 집에서 밥을 먹었고 마를 넣은 음료를 마셨다며 사이다를 마시지 않았다. 경찰은 박 할머니 집 부근에서 뚜껑이 없는 박카스 병이 발견되었고, 그 병에서 사이다와 같이 메소밀이 나왔으며, 그 박카스와 박 할머니 집에 있던 박카스의 유효기간이 같다는 사실로 박 할머니의 범행을 추궁하였다. 그리고 7월 18일, 경북대학병원으로 이송되어 치료받던 라씨 할머니(당시 89세)가 사망하였다.[35]

검사는 박 할머니에 대하여 살인 혐의로 구속영장을 신청했다. 7월 20일, 대구지방법원 상주지원은 도주와 증거를 인멸할 우려가 있다면서 박 할머니에 대한 구속영장을 발부했다.[36] 7월 28일, 박 할머니는 구속집행정지를 신청했으나 기각되었다. 경찰은 폴리그래프 검사, 행동분석과 심리생리검사를 하니 박 할머니의 진술이 거짓으로 나왔다고 밝혔다.

그러다가 의식불명 상태이던 민씨 할머니가 의식을 회복하였다. 경찰은 박 할머니가 그날 민 할머니 집에 놀러 갔다고 한 말이 거짓이라고 주장했지만, 민 할머니는 박 할머니가 자신의 집에 놀러 온 것이 맞다고 진술했다. 8월 13일, 박 할머니는 구속된 상태로 기소되었고 8월 24일, 변호인 측은 국민참여재판을 신청했다. 결국 박 할머니가 사이다에 농약을 탄 범인인지가 사건의 핵심이었다.

사건 당시 출동한 119 구급대 블랙박스 영상에는 박 할머니가 살충제 사이다를 마시고 마을회관 밖으로 뛰쳐나온 신 할머니를 따라 나왔다가 다시 마을회관으로 들어가서 55분간 신고하지 않은 채 그냥 있었던 장면이 찍혀 있다. 이에 대해 박 할머니는 "한 할머니를 따라 나가 휴지로 입의 거품을 닦아 준 뒤 마을회관 안으로 들어가 다른 사람의 거품을 닦아 주면서 사람들이 곧 올 것으로 생각하면서 마냥 기다렸다"고 주장했다. 경찰은 주변인 진술을 토대로 "사건 전날 화투놀이를 하다가 다른 할머니와 싸운 것이 범행 동기다"라고 주장했다.

그러나 변호인 측은 검찰이 고독성 살충제를 구입한 경로, 농약 추입 시기 등 직접증거를 확보하지 못한 점을 들어 무죄라고 반박했다. 그리고 박 할머니가 70년 가까이 한마을에서 가깝게 지낸 할머니들을 살해할 동기가 없다고 강조했다. 일부 주민과 농지 임대료 때문에 싸웠다는 주장은 밝혀지지 않았으며, 그런 사실이 있더라도 그것을 살인의 동기로 보기엔 부족하다고 다투었다.[37]

분명 박 할머니는 당시 6명의 피해자들이 사이다를 마시던 현장에 있었음에도 신고하지 않았다. 이에 대해 박 할머니는, 할머니들이 자는 줄로만 알아서 신고하지 않았고, 입에서 거품이 나와서 닦아 줬다고 주장했다. 그러나 박 할머니는 고통을 호소하며 밖으로 기어 나온 신 할머니를 보았고, 구토하거나 비틀거리며 쓰러지고 거품을 토해 내는 것을 보고도 자는 줄로 알았다는 주장은 납득이 되지 않았다.

신 할머니의 경우, 문밖으로 기어 나와 길바닥에 쓰러졌고, 이때 박 할머니도 따라 문밖으로 나왔다. 이후 구급차가 도착했으나 박 할머니는 마을회관으로 다시 들어갔고, 구급대원들에게 실내에 다른 할머니들이 있다는 사실을 알리지 않았다. 그래서 몇십 분이 지난 후 이장이 안으로 들어갔을 때, 5명의 할머니들은 이미 토사물과 거품을 내뿜은 채로 의식불명 상태에 있었다.

그러나 사이다 병과 박카스 병에서는 지문이나 DNA가 발견되지 않았다. 그리고 박 할머니는 평소 온화한 성품의 소유자였다. 피해자들과는 70년을 함께 살아온 이웃사촌지간이었고, 그동안 갈등은 없었다고 마을 주민들이 말했다. 반면 화투를 칠 때 자신에게 불리하면 판을 엎어 버릴 때가 많았다는 얘기도 나왔다. 옷에서 나온 살충제 성분에 대하여 박 할머니는 피해자들의 입에서 흐르는 거품을 닦아 주고, 마을회관의 토사물을 청소하는 일을 도와주다가 묻었을 거라고 주장했다.

하지만 경찰은 피해자들의 위액, 토사물에서 살충제 성분이 나오지 않았고, 바지 주머니 밑단이나 바지 주머니 안 등, 닦아 주다가 묻었다고 볼 수 없는 곳에서 살충제 성분이 나왔다고 반박했다. 박 할머니는 농사를 짓지 않은 지 오래되어 살충제에 손을 댄 일이 없다고 말했고, 경찰도 농약의 구입 경로는 파악하지 못했다.[38] 박 할머니는 박카스는 누군가 자신을 모함하기 위해 갖다 놓은 것이라고 주장했다. 그러나 만약 그렇다면 왜 박 할머니만 사이다를 마시지 않았는지를 설명하기 어려워진다. 반대로 농약을 섞은 박카스 병뚜껑을 페트병에 씌운 것에 대해서도 사이다에 독극물을 넣은 뒤, 굳이 남의 눈에 띄기 쉽게 페트병에 씌웠을까 하는 의문도 제기된다.

국민참여재판에 참여한 배심원 7명은 만장일치로 박 할머니가 유죄라고 판단했다. 이에 따라 법원은 박 할머니를 유죄로 보고 무기징역을 선고했다. 박 할머니는 항소를 제기했다. 항소심에서 변호인은 범행 동기, 농약이 투입된 시기, 살충제 구입 경로가 밝혀지지 않았다고 다투었다. 그리고 사건 후 설치된 CCTV에 피해 할머니 중 1명의 남편이 수시로 박 할머니 집에 드나든 장면이 찍혔다고 주장했다.[39] 그러나 항소심에서도 박 할머니의 항소는 기각되었다. 이후 대법원에서도 박 할머니에 대한 유죄가 인정되면서 무기징역형이 그대로 확정되었다.

대법원은 피고인이 피해자를 살해할 만한 동기가 있었고, 박 할머니가 평소 가지 않던 피해자의 집을 찾아가 마을회관에 가는지 확인했으며, 농약을 탄 사이다 병이 드링크 병뚜껑으로 닫혀 있었고, 박 할머니 집에서 뚜껑이 없는 드링크 병이 발견되었다는 사실 등을 들어 2심판결이 옳다고 판단했다.[40]

사건이 나기 전, 할머니들은 점심 식사를 마치면 약속이나 한 듯, 마을회관에 모여 고스톱을 치거나 음식을 나눠 마시며 가족보다 더 가깝게 지냈다고 한다. 그러나 사건이 나고 86명이 살던 조용한 시골 마을은 이후 웃음소리가 끊어졌다.[41] 과연 박 할머니가 이 사건의 진범일까? 모 신문사에서 취재해 보니 마을 주민들 사이에는 깊은 원한 관계가 있었다고 하며, 앙심을 품은 누군가의 소행이라는 얘기도 들을 수 있었다고 한다.[42]

체벌과 학대 사이

고준희 사망 사건

　　　　고준희 양(당시 5세)은 2012년 7월 22일, 6개월의 미숙아로 태어났다. 준희 양의 아버지 고 모는 준희 양이 백일이 될 무렵, 눈을 감고 분유를 먹는 준희 양의 사진을 SNS에 올렸다. "우리 막공주(막내 공주) 오늘 병원에서 검사받는 내내 꾹 다물고 참았다 한다. 이 쪼그만한 게 얼마나 많이 힘들었길래. 벌써부터 참는 법을 배웠는지 어우 가슴이⋯." 준희 양의 생모 송 씨와 고 모는 그들 사이에 세 명의 아이를 두었다.

　　　준희 양은 갑상선 기능저하증이 있어 대학병원에서 30여 차례나 치료를 받았다. 2017년 2월, 고 모와 내연녀 이 모는 전북 완주군 봉동읍에 있는 아파트에서 동거를 시작하였고,

아픈 준희 양만 고 모와 이 모에게 맡겨졌다. 이때 준희 양은 이 모의 아들에게 괴롭힘을 받은 것으로 알려져 있다. 준희 양은 두 차례나 '창상(날이 예리한 연장에 의해 다친 상처)'으로 병원에서 치료를 받았다. 또 3월에는 휴지걸이에 넘어져 머리를 꿰맨 기록도 남아 있다. 여기에 대해 경찰은 '학대가 의심된다'고 말했다.[43]

검찰에 의하면 고 모와 이 모는 2017년 1월 25일부터 선천성 갑상선 기능저하증을 앓고 있는 준희 양에 대한 치료를 중단했다. 그리고 4월 1일부터는 어린이집에도 보내지 않았다. 고 모는 4월 초, 준희 양의 오른쪽 발목을 여러 차례 짓밟았다. 그로 인해 준희 양의 종아리와 허벅지는 검게 부어 올랐다. 4월 10일에는 입과 목, 가슴 등에 수포가 생겼고, 20일부터는 대부분 누워 지낼 정도로 건강이 악화되었다. 24일 고 모와 이 모는 걷지도 못하던 준희 양의 등과 옆구리 등을 발로 밟았다. 이로 인해 준희 양의 갈비뼈가 골절되었다. 25일 오후, 준희 양은 호흡곤란을 호소했고, 결국 26일 오전, 호흡곤란과 흉복부 손상 등으로 사망했다. 고 모는 27일 새벽, 이 모와 이 모의 어머니인 김 모와 함께 조부 묘소 부근에 준희 양의 사체를 암매장했다.[44]

고 모 등은 준희 양이 사망했음에도 한참 후인 12월 8일

2017년 3월 30일	고준희 양 마지막으로 유치원으로 등원.
2017년 4월 26일	고준희 양 사망.
2017년 4월 27일	고 모 일행, 고준희 양 암매장.
2017년 8월 3일	김 모, 원룸 이사.
2017년 11월 18일	고 모 일행, "아이가 11월 18일부터 사라졌다"고 주장.
2017년 12월 8일	"밖에 나갔다가 집에 돌아오니 아이가 없어졌다"고 신고.
2017년 12월 15일	경찰 전단 배포 후 공개수사 시작.
2017년 12월 22일	고준희 양 가족 자택 압수수색함.
2017년 12월 28일	친부 고 모, 아이를 야산에 유기했다고 자백.
2017년 12월 29일	군산 야산에서 고준희 양 시신 발견.
2017년 12월 30일	고 모와 김 모 구속.
2017년 12월 31일	이 모 구속.
2018년 2월 7일	전주지방법원에서 1차 공판이 열림.

에 와서야 경찰에 실종신고를 했다. 경찰은 이들이 실종신고를 하게 된 것은 이 모의 아들의 '취학통지서' 때문인 것으로 파악했다. 다음 해에는 준희 양의 취학통지서도 올 것이라 예상한 것이다. 고 모 등은 준희 양의 머리카락을 김 모의 집에 뿌려놓아 범행을 은폐하려 한 것으로 드러났다. 검찰은 수사기관에

서 김 모 집에서 DNA를 채취할 것으로 예상하고 알리바이를 대기 위해 이런 행동을 한 것으로 보았다. 고 모는 혹시 자신의 범행이 발각되지 않을까 하는 두려움으로 자살시도까지 했다. 검찰은 "고 씨가 자살을 시도하자 이 씨가 말리는 과정에서 허위로 실종신고를 한 것으로 조사됐다"고 설명했다. 고 모 가족의 허위 실종신고로 인해 경찰은 19일 동안 3,000여 명의 인력을 투입해서 수색에 나서야 했다.

고 모 가족의 실종신고에는 몇 가지 의문점이 있었다. 먼저 실종신고는 준희 양이 실종된 것으로 추정되는 11월 18일부터 무려 21일이 지난 후에 이루어졌다는 점이다. 그리고 12월 18일 실종신고 때 이 모는 실종 개요를 설명했고, 고 모는 흥분해서 쓰러진 것처럼 행동했다. 경찰 관계자는 "당시 너무 과장된 느낌이 들었다"고 전한다.[45]

준희 양은 4월, 이 모의 어머니인 김 모에게 보내졌다. 고 모와 이 모가 준희 양의 양육에 부담을 느끼면서였다. 준희 양은 3월 30일에는 유치원 교사에게 목격되었다. 그러나 김 모와 살던 원룸을 옮긴 8월 3일 이후에는 아무에게도 목격되지 않았다. 고 모 가족은 11월 18일, 김 모가 자리를 비운 사이 전주시 덕진구 우아동 주택가에서 실종되었다고 진술했다. 그러나 김 모는 폴리그래프 검사를 받길 거부했다. 당시 일부 언론에서는 준희 양이 자폐증을 앓고 있다고 보도했지만 준희 양의 친할머니는 준희 양이 "심부름도 잘하고 어디다 내놔도 부족한 점이 없다"고 밝혔다.[46]

　　12월 23일, 경찰은 고 모와 이 모, 김 모의 주택과 차량 등을 압수수색해서 이들의 컴퓨터와 휴대전화 등을 확보하고 과학수사대를 동원해서 혈흔감식을 실시했다. 이 과정에서 경찰은 고 모가 사는 아파트에서 준희 양의 혈흔을 확보했다. 그리고 이들이 범행에 가담했는지를 조사하기 시작했다.[47] 그러자 12월 28일, 고 모는 경찰에서 조사받으면서 "내가 아이를 군산의 야산에 유기했다"고 자백했다. 12월 29일 오전, 경찰은 군산시 내초동의 야산에서 인형과 함께 수건에 싸인 준희 양의 시신을 발견했다.

　　준희 양이 죽은 뒤에도 8개월 동안이나 가족들은 준희 양이 살아 있는 것처럼 행동한 것으로 드러났다. 4월 27일, 고 모는 SNS에 '온가족 모두가 함께 만드는 페이퍼 토이키트'라는 종이접기 사진을 올렸다. 그리고 28일부터 29일에는 조립식 장난감 건담(1979년에 등장한 로봇 애니메이션)을 자랑했다. 29일에는 고 모 가족들은 1박 2일로 경남 하동과 남해로 여행을 떠났다. 6월 13일에는 완주군청에 양육 수당서를 제출해서 7회에 걸쳐 총 70만 원의 수당을 수령하기도 한 것으로 드러났다. 그리고 준희 양의 생일인 7월 22일에는 케이크를 사고, 미역국을 끓여 이웃에게 돌린 것으로 조사됐다.

2018년 1월 17일, 준희 양의 시신을 부검한 국립과학연구원은 부검한 결과 부러진 갈비뼈 3곳이 생전에 외부 충격으로 부러졌다는 소견을 제시했다. 검찰은 준희 양의 갈비뼈가 사망 전날인 2017년 4월 25일에 부러진 것으로 봤으며, 한 번의 충격이 아닌 여러 차례 이어진 외력 때문인 것으로 보았다.[48]

결국 고 모와 이 모는 준희 양의 발목을 수차례 밟아 몸을 가누기 힘든 상태에 빠트리고도 방치하다가 준희 양이 숨지자 4월 27일 준희 양의 시신을 야산에 암매장한 혐의로 구속되었다. 이들에 대한 통합심리·행동분석 결과에서도 준희 양에 대한 별다른 정서나 애착이 관찰되지 않았다. 검찰이 이들에게 적용한 혐의는 아동학대치사와 시체유기, 위계에 의한 공무집행방해, 사회보장급여법 위반이다.[49]

2월 7일, 이들에 대한 첫 재판이 전주지방법원에서 열렸다. 검찰 조사 때 고 모는 준희 양이 밥을 잘 먹지 않고 말을 듣지 않아 훈육 차원에서 30cm 길이의 자로 몇 대 때리는 것으로 폭행을 시작했다고 진술했다. 훈육 차원의 체벌이란 말은 아동학대 가해자들이 흔히 하는 말이다. 아동에게 학대를 한 부모들 대부분이 '아이가 문제를 일으켜 훈육했다'고 말한다.

그러나 체벌과 학대 사이에 거리는 없다. 어릴 적 경험한 체벌은 아이가 성장한 후에도 폭력의 경험으로 내재화된다. 아이를 위한다는 체벌이 오히려 아이와 가정을 망가트릴 수도 있는 것이다. 전국 아동보호전문기관이 처리한 아동학대 사례의 대부분이 가정에서 발생했다.

2015년 3월 개정된 「아동복지법」에서는 아동의 보호자가 아동에게 신체적 고통이나 폭언 등을 하는 것을 금지하고 있다.[50] 아동구호단체인 세이브 더 칠드런Save The Children은 2013년부터 체벌을 근절하자는 캠페인 〈사랑의 매는 없습니다〉를 진행하고 있다. 이들이 내세운 "누구나 실수를 합니다. 우리도 우리 아이들도 모두 실수를 통해 배웁니다. 체벌 대신에 따뜻하게 가르쳐 주세요"란 구호가 가슴에 다가온다.

에필로그
살인도 세태를 반영한다

　　　　살인은 인간의 생명을 단절시킨다는 점에서 다른 모든 범죄와 구별된다. 그리고 돌이킬 수 없는 결과를 낳는다는 점에서 가장 잔혹한 범죄다. 많은 사건에서 살인범들은 자신의 목적이나 이득을 위해 다른 사람의 생명을 앗아 가지만, 대구 지하철 참사 사건과 같이 불특정 다수를 상대로 무차별하게 저지르는 경우도 있다. 범죄학자들은 살인 사건을 분석할 때 주로 피해자와 가해자의 관계, 사건의 상황에 주목한다. 상황을 분석할 때 고려되는 것 중 하나가 시대 상황이다. 시대에 따라 살인 사건도 변화될까? 이러한 물음에 대답하기에 앞서 왜 이런 살인이 일어났는지 살펴볼 필요가 있다. 그렇지만 살인 사건도 다른 범죄와 마찬가지로 그 동기를 살펴보면 그리 간단하지 않다는 사실을 알게 된다.

살인에 있어서도 관계와 상황은 서로 영향을 주고받는다. 그리고 행위자 개인의 요소, 그리고 가까운 사이인 개인 사이의 관계, 사회적 배경과 사회의 규범체제는 서로 영향을 주고받는다. 그래서 범죄의 예방을 연구하는 범죄학자들은 개인 요소와 가까운 대인 관계, 사회적 배경과 사회규범 체제를 살펴보자고 제안한다. 이러한 모델을 '생태학적 모델'이라고 부른다. 그렇다면 살인 사건을 분석하는 데에도 이런 방법론을 빌려 올 수 있을 것이다.

살인 사건을 분석하려고 할 때 우리는 먼저 행위자의 신체적·육체적·경제적인 개인 요소를 보게 된다. 그리고 부모와 친척, 이웃 등 가까운 대인 관계를 살펴보고, 행위자가 속한 사회 환경, 시대 상황, 그리고 사회규범 체제를 살펴보게 될 것이다. 그리고 이러한 요소는 따로 떼내어 분리해서 볼 것이 아니라 유기적인 전체로 보아야 한다. 이러한 관점에서 살인 사건을 살펴보면, 유기적인 체제 속에서 사건이 일어난다는 사실을 이해하게 될 것이다. 그런데 행위자가 속한 시대적 상황은 계속 변화하기에 살인 사건도 거시적인 관점에서 볼 때 '세태'를 반영한다고 볼 수 있다. 그래서 필자는 '살인도 세태를 반영한다'는 관점에서 이 책의 집필을 시작했다. 아마도 이 책을 읽은 독자 여러분도 이런 나의 관점을 알아챘으리라 생각한다.

이 책에서는 우리 사회에서 일어난 범죄 중에서 가장 잔혹한 사건들(주로 살인 사건들)을 연대기로 살펴보았다. 그리고 각 시대에서 가장 임팩트가 강했던 사건들을 선택했다. 이런 사건들이야말로 시대적 상황을 가장 잘 반영할 것이기 때문이다. 각 장에서 이미 시대적 상황과 살인 사건과의 관계에 대해 적어 놓았기에 다시 언급하지 않겠지만, 이런 나의 예상은 거의 적중했다.

물론 모든 사건들이 시대적 상황을 그대로 반영하였다고 볼 수는 없겠지만, 적어도 거시적인 관점에서 볼 때에는 살인 사건도 세태를 반영하고 있었다. 큰 흐름으로 볼 때 살인 사건은 점차 개인과 개인 사이의 갈등으로 인한 것이 많아지고 있고, 세분화되고 있다. 또 점차 행위자 요소가 강하게 작용하고 있다. 이러한 사실은 최근의 살인 사건의 대부분이 가까운 지인 관계에서 발생한다는 범죄학자들의 분석과도 일치한다.

그리고 사회와 개인 사이의 갈등 관계보다는 개인과 개인 사이의 갈등이 좀 더 표면화되고 있다는 것은 경제가 발전하고, 정치가 민주화될수록 잠재되어 있던 개인과 개인 사이의 갈등이 점차 수면 위로 드러나고 있다고 이해할 수도 있을 것이다. 이런 이해와 함께 우리 사회에 파급력이 컸던 사건들의 이면을 살펴본다면, 우리는 사건의 진실에 조금이라도 더 가까이 다가갈 수 있게 될 것이다.

1950년대 이후 2010년대까지 살인 사건

시대	사건	분류	주요 요인
1950-1960년대	성수동·화양동 사건	강도살인	경제적 동기
	승가사 사건	강도살인	경제적 동기
1970년대	이팔국 사건	토막살인	가족갈등
	부산 어린이 사건	연쇄살인	아동에 대한 도착증적 호기심
	김대두 사건	연쇄살인	경제적 동기
1980년대	이윤상 사건	유괴살인	경제적 동기
	우순경 사건	대량살인	사회에 대한 불만
	김선자 사건	연쇄살인	경제적 동기
	화성 사건	연쇄살인	성적 욕망
1990년대	곽재은 사건	유괴살인	경제적 동기
	개구리 소년 사건	대량살인	사이코패스로 추정
	이영호 사건	유괴살인	경제적 동기
	치과의사 모녀 사건	가족살인(?)	가족갈등(?)
	이태원 사건	묻지마살인	폭력성향
	정두영 사건	연쇄살인	성격장애
	삼척 신혼부부 사건	보복살인	보복감정

2000년대	대구 지하철 사건	대량살인	우울증
	유영철 사건	연쇄살인	이성에 대한 혐오
	정남규 사건	연쇄살인	사회에 대한 불만
	서래마을 사건	영아살인	정신질환(임신거부증)
	논현동 고시원 사건	대량살인	경제적 요인, 심리불안
	약촌오거리 사건	강도살인	경제적 동기
2010년대	김길태 사건	납치살인	사이코패스
	만삭 의사 부인 사건	가족살인	가족갈등
	신촌 대학생 사건	집단살인	잘못된 신념
	인천 교생 사건	제자살인	소시오패스
	상주 농약 사건	대량살인	주민갈등
	고준희 사건	가족살인	잘못된 체벌

주석

1장

1 "화양동 살해 사건, 성수동 사건과 동일한 범인?", 경향신문(1959.3.7).

2 "화양동 운전수 살해도 자백", 동아일보(1959.8.22).

3 "화양동 살인 사건 완전전복", 동아일보(1959.11.3).

4 "성수·화양동 운전수 살해 사건엔 무죄", 동아일보(1960.2.3).

5 "그때 그 일들〈251〉김종삼(18) 승가사 살인강도 사건", 동아일보(1976.10.29).

6 "승가사 살인강도범 체포", 동아일보(1959.10.27).

7 "울면서 범행을 재연, 승가사 강도 사건 현장검증", 동아일보(1959.11.10).

8 "차에 무기 징역 언도, 승가사 강도살인 사건", 동아일보(1959.12.17).

2장

1 "후처 살해… 시체 분해, 하수구, 쓰레기장에 버려", 경향신문(1975.6.30).

2 "뼈조각 발견, 처 토막살해 사건", 경향신문(1975.7.1).

3   "내연의 처 토막살인범, 사형을 선고", 동아일보(1975.11.13).

4   이수정, 『최신 범죄심리학』, 학지사, 2013, 78–79쪽.

5   "경찰 명예 걸고 꼭 해결", 경향신문(1975.8.29).

6   "유력 용의자 잡아, 부산 어린이 연쇄유괴 살인", 경향신문(1975.11.7).

7   "부산 어린이 유괴사건 수사, 두 달째 원점서 공전", 동아일보(1975.10.15).

8   이수정, 위의 책, 343–344쪽.

9   "지나는 「手」에 걸려든 「대마」", 경향신문(1991.3.19).

10   당시는 연쇄살인과 연속살인에 대한 구분이 명확하지 않아 연속살인범이라고 칭했지
     만, 현재의 기준으로 본다면 김대두의 행각은 연속살인이 아니라 연쇄살인에 속한다:
     "외딴집 연속살인범검거", 동아일보(1975.10.9).

11   "사회구조에서 일탈된 외토리", 동아일보(1975.11.15).

12   "김대두에 사형선고", 동아일보(1975.11.27).

13   "김대두, 그는 정말 연쇄살인범이었을까", 한겨레(2017.4.8).

3장

1   "[범죄는 흔적을 남긴다](20) 누명 벗겨준 거짓말탐지기", 서울신문(2011.9.7).

2   "영화 '밀양'의 단초는 80년 '이윤상 유괴 사건'", 미디어오늘(2007.5.28).

3   "1981년 이윤상 군 살해 주영형 검거", 동아일보(2007.11.30).

4   이윤상 군이 초등학교 5학년 때 쓴 동시: 동아일보(1981.2.27).

5   "국내 최악의 총기난사 사건은 우범곤 순경 사건", 세계일보(2007.4.18).

6   "27살 나이에 주민 62명을 잔인하게 죽인 '살인자' 우범곤", 인사이트(2017.5.14).

7   "56명 사살 우범곤 순경, 靑 근무하다가 시골 지서로 좌천된 분풀이?", dongA.com
     (2017.3.1).

8   "5명 연쇄독살범 김선자 씨 구속영장 신청", MBC NEWS(1988.9.2).

9   표창원, 『한국의 연쇄살인』, 랜덤하우스, 2017, 130-136쪽.

10   "[범죄는 흔적을 남긴다](31) 첫 여성 연쇄살인범 김선자", 서울신문(2011.11.22).

11   "[사건추적] 아버지까지 독살한 여성 최초 연쇄살인범", 내외뉴스통신(2017.10.1).

12   표창원, 위의 책, 2017, 153쪽.

13   "[화성 연쇄살인 사건, 그후 30년] 목격자·생존자 있는데…", 인천일보(2016.9.6).

14   "화성 연쇄살인 사건, 벌써 공소시효 만료?", 브레이크뉴스(2005.9.16).

15   "화성 연쇄살인 사건 범인… 안 잡은 건가, 못 잡은 건가", 오마이뉴스(2016.11.25).

16   표창원, 위의 책, 2017, 171-172쪽.

17   "화성 연쇄살인 사건, 오해와 진실", THE FACT(2014.9.15).

18   "'스포트라이트' 화성 연쇄살인범 몽타주 공개", 중앙일보(2016.9.5).

4장

1   표창원, 『프로파일러 표창원의 사건추적』, 지식의 숲, 2017, 84-91쪽.

2   "곽재은 양 유괴 살해 사건", 동아일보(1991.9.14).

3   "흉악범 9명 교수형", 중앙일보(1991.12.19).

4 "곽재은 양 유괴 살해 사건 – 그녀는 리플리 증후군이었을까?", africa TV(2017.3.18).

5 눈이 툭 튀어나오고 주둥이가 둥근 양서류. 3~4월에 산란한다.

6 당시 총인원 30만 명이 투입되어 와룡산 일대를 300회나 수색했다: "개구리 소년 사건 개요", 동아일보(2002.9.26).

7 "아이들 살해된 이유라도 알고 싶다", 연합뉴스(2006.8.22).

8 "개구리 소년 총기 살해 제보", 국민일보(2002.9.30).

9 "탄두 부식 심해 91년 이전 사용 추정", 오마이뉴스(2002.9.30).

10 "그것이 알고 싶다 '개구리 소년 실종 사건' 용의자는 사이코패스", TV REPORT(2011.5.15).

11 이 사건으로 인해 살인죄의 공소시효에 대한 비난 여론이 있었고 2015년 7월 24일에 살인죄의 공소시효는 폐지되었다: "우리가 모방한 日法 '공소시효 15년'", 문화일보(2006.3.25).

12 "미제 사건의 재구성 ② 대구 개구리 소년 실종 사건", 주간현대.com(2015.10.24).

13 "개구리 소년 사건은 아직 끝나지 않았다", 위키트리(2017.11.15).

14 배상훈, 『누가 진짜 범인인가』, 앨피, 2016, 64–67쪽.

15 "미제 사건의 재구성 ③ 이형호 유괴 살인 사건", Weekly News(2015.11.2).

16 "이형호 군 유괴 범인 세 번 놓쳐", MBC NEWS(1991.3.15).

17 "'그것이 알고 싶다' 이형호 군 유괴 사건 범인 몽타주는?", TV REPORT(2011.5.22).

18 "이형호 군 유괴살해 사건 수사 장기화 조짐", MBC NEWS(1991.3.25).

19 "'이영돈 PD가 간다' 이형호 유괴 사건 범인 찾아", 톱스타뉴스(2015.1.22).

20 "'이영돈 PD가 간다' 이형호 유괴 사건 24년 흘렀지만 범인 못 찾아", 시선뉴스(2015.2.1).

21 "유괴범 검거율 99% '꼬리 안 밟히는 유괴' 못 한다", 한겨레(2017.11.30).

22 "[치과의사 모녀피살] 용의자로 주변 인물 추적", MBC NEWS(1995.6.16).

23 "〈미제사건 다시보기〉 치과의사 모녀 살해 사건", 브레이크뉴스(2006.1.16).

24 "치과의사 모녀 살인 사건, 손톱 자국 세 개의 진실은", 한겨레(2012.9.14).

25 "미궁에 빠진 치과의사 모녀 살해 사건", 시사저널(1996.7.11).

26 "내 목숨이 필요하면 가져가라고 하세요", 한겨레(2012.10.12).

27 "치과의사 모녀 살인 사건 '범행도구는 커튼줄'", 한겨레(2012.9.21).

28 한국형사정책연구원, 「범죄학을 적용한 형사사법의 선진화방안(ⅠⅠ)」, 2010, 103–109쪽.

29 아나운서 백지연은 피해자가 자신의 죽마고우였다고 밝혔다: "치과의사 모녀 피살사건은 친구의 비극", 위키트리(2017.11.30).

30 "이태원 살인 사건의 추억", 주간동아(2010.1.27).

31 "'이태원 살인 용의 패터슨 '내가 진범'", 세계일보(2011.10.13).

32 "법무부, 이태원 살인 사건 미국 범죄인 16년만에 국내 송환", 로이슈(2015.9.22).

33 범행 당시 패터슨은 18세 미만의 소년이므로 법정 최고형은 20년이다: "'이태원 살인 사건' 19년 만에 새 결론", 머니투데이(2016.1.29).

34 "이태원 살인 사건 패터슨, 항소심도 징역 20년", 서울경제(2016.9.13).

35 "[표창원의 사건 추적] 16년 흘렀어도 돌아오지 않은 살인자", 시사저널(2013.3.12).

36 "[정두영 사건 다시 보기] 고아원 전전, 외모 콤플렉스…", 시사위크(2016.9.28).

37 "[부산 연쇄살인범 정두영은…]", 중앙일보(2000.4.16).

38 "열달새 9명 죽였다… 부산 中企 회장 부부 살해범 자백", dongA.com(2000.4.16).

39 "연쇄살인범 정두영 대전교도소 탈옥 시도", SBS NEWS(2016.9.28).

40 "정두영 '유영철 롤모델 희대의 살인범'", 에너지경제(2017.3.20).

41 "돈 마음껏 쓰고 싶어 범행", dongA.com(2000.4.16).

42 "[부산 연쇄살인범 정두영은…]", 중앙일보(2000.4.16).

43 "탈옥 시도 정두영, 4m 높이 사다리 어떻게 구했나 했더니…", 아주경제(2016.9.29).

44 "신혼여행 부부 엽총 피살", 동아일보(1999.1.20).

45 "삼척 신혼부부 피살 사건 용의자 검거", MBC NEWS(1999.7.6).

46 "삼척 신혼부부 총격 피살 사건 오리무중", MBC NEWS(1999.1.20).

47 "원한·치정 가능성 수사, 신혼부부 피살 사건", 한겨레(1999.1.21).

48 "신혼부부 엽총살인 유자녀에 2억 배상판결", 새전북신문(2002.1.13).

49 양원보, 『한국의 연쇄살인범 파일』, Human & Books, 2016, 219–220쪽.

5장

1 "[표창원의 사건추적] 무고한 인명 앗아간 '지옥 지하철'", 시사저널(2013.1.8).

2 "대구 지하철 방화범 무기징역", 매일신문(2003.8.6).

3 권영법, 『현대 형법 이론』, 세창출판사, 2014, 295–296쪽.

4 "[대구 지하철 참사 10주기] 〈중〉 후유증 시달리는 부상자들", 매일신문(2013.2.11).

5 "[대구 지하철 참사 10주기] 〈하〉 부상자 처우 및 향후 대책", 매일신문(2013.2.18).

6 "마르지 않는 눈물, 14주기 맞은 '대구 지하철 참사'", 오마이뉴스(2017.2.18).

7 표창원, 『프로파일러 표창원의 사건추적』, 지식의 숲, 2017, 64쪽.

8   표창원, 『한국의 연쇄살인』, 랜덤하우스, 2017, 338~347쪽.

9   서울중앙지방법원 2004. 12. 13. 선고 2004고합972, 973, 1023 판결.

10   "12년 전 사형선고 받은 연쇄살인범 유영철의 소름돋는 일화", 인사이트(2017.6.9).

11   오윤성, 『범죄, 그 심리를 말하다』, 박영사, 2016, 398~402쪽.

12   "사형수 유영철, 교도관 도움으로 물품 불법 반입", KBS NEWS(2014.12.10).

13   "유영철 피해 가족 다룬 '용서' 일본서 상영", 한겨레(2010.6.7).

14   "유영철 살인의 추억… 담당 검사가 털어놓은 비화", 연합뉴스(2008.8.4).

15   "살인마 유영철, 여자 혈액형 왜 확인했나", 노컷뉴스(2009.2.12).

16   표창원, 『한국의 연쇄살인』, 391~393쪽.

17   Steven P. Lab, Crime Prevention, 7th ed., Elsvier, 2010/ 이순래 외 2역, 『범죄예방론』, 그린, 2011, 128~129쪽.

18   "연쇄살인범 정남규는 누구인가", 노컷뉴스(2009.11.22).

19   이수정·김경옥, 『사이코패스는 일상의 그늘에 숨어지낸다』, 중앙mb, 2017, 28쪽.

20   배상훈, 『누가 진짜 범인인가』, 앨피, 2016, 106~107쪽.

21   "연쇄살인범 정남규 사형 선고", 연합뉴스(2006.9.21).

22   "'연쇄살인범' 정남규 항소심도 사형 구형", 연합뉴스(2006.11.21).

23   "'연쇄살인' 정남규 씨 항소심도 사형 선고", NEWSIS(2007.1.11).

24   "연쇄살인범 정남규 씨 사형 확정", 제주일보(2007.4.13).

25   "쓰레기봉투 꼬아서 자살 … 사형수 관리에 허점", SBS NEWS(2009.11.22).

26   "'프로파일러' 표창원이 본 연쇄살인마 정남규가 자살하는 진짜 이유", 중앙일보(2017.6.23).

27 배상훈, 위의 책, 108–109쪽.

28 "서래마을 영어유기 사건 용의자 쿠르조 부인 살해 세차례 자백", MBC NEWS(2006.10.12).

29 "'서래마을 영아 유기 사건' 뒷얘기 다른 책 출간", EK NEWS(2010.10.4).

30 "서래마을 사건, 프랑스 여성 재판정서 눈물", SBS NEWS(2009.6.10).

31 "서래마을 영아 살해 · 유기범 남편의 고백", 조선일보(2011.6.29).

32 Kevin Davis, The Brain Deffence, Philip G. Spitzer Literary Agency, Inc., 2017/ 이로운 역, 『법정에 선 뇌』, 실레북스, 2018, 7쪽 이하.

33 박기원, 『DNA분석과 과학수사』, 살림, 2013, 71–74쪽.

34 강신몽, 「영아살해」, 『수사연구』(2006.10), 48쪽 이하.

35 "'논현동 방화 사건 1년' … 고시원 요즘은", 경향신문(2009.10.22).

36 "고시원 생존자 인터뷰…'겁나서 숨어 있었다'", YTN(2008.10.20).

37 "고시원 방화살해 사건, 영화 '달콤한 인생' 관람 후 범행도구 준비", 파이낸셜뉴스(2008.10.21).

38 "조폭영화 보고 '멋있다'…흉기 사들여", 동아일보(2008.10.22).

39 "범죄에 희생된 유족 껴안은 동포애", 서울신문(2009.9.8).

40 오윤성, 『범죄 그 심리를 말하다』, 박영사, 2016, 339–340쪽.

41 "고시원 흉기난입과 조승희 사건의 닮은 점과 차이점은?", 대자보(2008.10.21).

42 "약촌오거리 사건 억울한 누명자를 만든 그들은 지금", 중앙일보(2018.3.28).

43 "16년 만에 다시 열린 익산 약촌오거리 살인 사건 재판", 전북일보(2016.6.17).

44 "약촌오거리 살인 사건, 숨진 형사만 여관조사 인정", 아주경제(2016.9.29).

45 "약촌오거리 살인 사건, 진범에 징역 15년", 법률신문(2017.5.26).

46 "영화 '재심' 모티브 된 약촌오거리 살인 사건의 진실", 인사이트(2017.2.15).

6장

1 피해자 이 양은 당시 초등학교를 졸업한 뒤 중학교에 입학하기 전이었다.

2 "김길태 사건 초동수사 '부실 덩어리' 재확인", 미디어데일리(2010.4.1).

3 "실종 4일 만에 신속한 용의자 지목 수사", 세계일보(2010.3.10).

4 "[김길태 사건] 범행에서 자백까지", MBN(2010.3.14).

5 "김길태 첫 재판, 대부분 혐의 부인", 노컷뉴스(2010.4.23).

6 "김길태에 사형은 가혹하다 … 무기징역", YTN(2010.12.15).

7 "김길태 무기징역 확정", 부산일보(2011.4.29).

8 "이수정 경기대 범죄심리학과 교수가 본 김길태 사건", 여성동아 556호(2010.4), 636–638쪽.

9 "사상 덕포동 '김길태 마을' '희망 디딤돌 마을'로 변신", 부산일보(2013.5.23).

10 "'만삭 의사부인 사망' 이번엔 의문 풀릴까", 세계일보(2012.12.5).

11 "의사, 만삭 부인 살해… 게임 때문?", 헤럴드경제(2011.2.25).

12 "한국판 O. J. 심슨 꿈꾼 만삭 아내 살해 닥터 박", 한겨레(2013.7.5).

13 "만삭 부인 살해 혐의 의사, 항소심서 무기징역 구형", KBS NEWS(2011.12.1).

14 "'만삭 의사부인 살해 사건' 증거 부족 파기 환송", YTN(2012.6.28).

15 "'그것이 알고 싶다' 만삭 의사부인 사망 사건 진실은?", 스타뉴스(2011.3.5).

16   "대법원 파기환송 '만삭 의사부인 사망 사건'", 여성동아(2012.8.16).

17   한국일보 경찰팀, 『덜미, 완전범죄는 없다』, 북콤마, 2018, 23쪽 이하.

18   "신촌 대학생 살인… 알고보니 전 여친도 가담", 세계일보(2012.5.3).

19   "신촌 살인 사건 홍 모 양 알고보니 과거에…", 아시아경제(2012.5.3).

20   "'너 때문이야!' 신촌 살인 사건 피고들의 최후진술", 노컷뉴스(2012.10.9).

21   "'신촌 대학생 살인 사건' 10대 2명에 징역 20년 선고", 동아닷컴(2012.10.24).

22   "대법 '신촌 대학생 살인 사건' 10대와 여대생 중형", 오마이뉴스(2013.5.9).

23   "신촌 대학생 살인… 그들은 왜 범행을 했을까?", 세계일보(2012.5.4).

24   "신촌 살인 사건 홍 모 양 잔인해진 이유", 아시아경제(2012.5.5).

25   "신촌 살인 사건 '사령카페 빠진 여친 구하러 갔다가… 참변'", 노컷뉴스(2012.5.4).

26   "인천 교생 살인 사건 '16세 제자와 성관계 후 화상 입히고 골프채로 때려… 진실은?", 헤럴드 POP(2014.8.11).

27   "[취재파일] '소문 두려워' 여교사 지망생 10대 살해 사건의 전말", SBS NEWS(2013.8.10).

28   "인천 교생 살인 사건, 실습 나간 고교생과 성관계 후… '충격'", SBSNNBC(2014.8.9).

29   "인천 교생 살인 사건, 고교생 제자와 성관계 후 살인 '충격'", 세계일보(2014.8.11).

30   "그 사건 그 후[25] 인천 과외제자 살인 충격적 진실", 일요신문(2014.10.6).

31   "동거 과외제자 살해 여교생 징역 7년 확정", 조선닷컴(2014.9.24).

32   이수정 · 김경옥, 『사이코패스는 일상의 그늘에 숨어지낸다』, 중앙mb, 2017, 155-164쪽.

33   배상훈, 『누가 진짜 범인인가』, 앨피, 2016, 83-85쪽.

34   "대체 왜? 상주 농약 사이다 사건 재조명", iMBC 연예(2015.7.14).

35 "상주 농약 사이다, 80대 할머니 추가 사망", 세계일보(2015.7.18).

36 "상주 '농약 사이다' 음독 사건 일지", 연합뉴스(2015.7.20).

37 "상주 '농약 사이다 사건' 할머니가 진범? … 법원 판결은", 연합뉴스(2015.12.3).

38 "경북 상주 할머니, 농약 사이다 사건, 새로운 의문", 사건 25시(2015.7.23).

39 "상주 농약 사이다 사건 새 국면 맞나", 경북일보(2016.2.16).

40 "'상주 농약 사이다 사건' 할머니 무기징역 확정", 서울경제(2016.8.29).

41 "경찰, '농약 사이다' 피의자 범행동기 못 밝혀", 사건 25시(2015.7.19).

42 "상주 농약 사이다 살인 전말", 일요신문(2015.7.19).

43 "준희 생모와의 이혼소송 불리할까봐 시신 유기", 전북일보(2018.1.1).

44 "고준희 양 사망 첫 재판… 방청객 '그러고도 사람이냐?'", NEWS(2018.2.7).

45 "준희 생모와의 이혼소송 불리할까봐 시신 유기", 전북일보(2018.1.1).

46 "고준희 실종 사건, 고개 갸웃거리게 하는 의문점 3가지", 업다운뉴스(2017.12.20).

47 "실종됐던 고준희 양 혈흔 발견… 범죄 사건으로 전환되나", 서울경제(2017.12.23).

48 "고준희 부검 결과에 드러난 학대 혐의 증거들", 업다운뉴스(2018.1.17).

49 "암매장 제의 누가 먼저?", 연합뉴스(2018.2.6).

50 "체벌과 학대 사이의 거리는 없다", 시사 IN(2018.2.6).